Zu Deinem

21. Geburtstag

in den Semesterferien 1981

in **KHH** !

Elke.

Hans Carossa, geboren am 15. 12. 1878 in Bad Tölz, ist am 12.9.1956 in Rittsteig bei Passau gestorben.

»Kindheit voll Vertrauen, Jugend voll Versuchung und Gefährdung, Studentenzeit mit all ihren Erregungen, Erschließungen, Hoffnungen, mit dem ganzen unerbittlichen Ernst des Lebens und natürlich gerade dieses Lebens. Carossa gehört zu den wenigen Gestalten in der Literatur unserer Zeit, die den Registern der deutschen Sprache ein neues hinzugefügt haben; es ist das einer durchaus harmonisierten, poetischen Tonlage. Er knüpft da an, wo der schönste Fluß des Deutschen sich gebildet hatte, an Goethes, Stifters, Gottfried Kellers, Hofmannsthals Prosa. Daß er in solchem Zusammenhang nicht Epigone wurde und blieb, sondern diesem Strom einen eigenen Nebenfluß zuführen konnte, das macht ihn für die Entwicklung der Sprache unserer Zeit so liebenswert. Dieses Eigenwüchsige ist die Kraft eines klärenden, durchleuchtenden Gewissens, die Verbundenheit mit seinem der menschlichen Not dienenden Beruf, der ironische Humor in einer seiner seltensten Spielarten, der sich nährt aus der Erkenntnis der Widersprüche schon in der eigenen Natur.«

Südkurier, Konstanz

insel taschenbuch 295
Carossa
Eine Kindheit

HANS CAROSSA
EINE
KINDHEIT

INSEL

insel taschenbuch 295
Erste Auflage 1977
© Insel Verlag 1922
Alle Rechte vorbehalten
Vertrieb durch den Suhrkamp Taschenbuch Verlag
Umschlag nach Entwürfen von Willy Fleckhaus
Satz: Fotosatz Tutte, Salzweg-Passau
Druck: Ebner, Ulm
Printed in Germany

EINE KINDHEIT

Erste Freuden

AN EINEM WINTERSONNTAG DES JAHRES 1878 WURDE ICH ZU TÖLZ IN OBERBAYERN GEBOREN. AN DIESEN SCHÖNEN VIELBESUCHTEN BADEORT, BEI DEM DIE GRÜNE ISAR AUS DEN ALPEN HERVORSCHÄUMT, SIND MIR LEIDER NICHT VIELE ERINNERUNGEN GEBLIEBEN; MEIN BEWUSSTES LEben begann erst in dem nahen Königsdorf, wo sich mein Vater bald nach meiner Geburt als Arzt niederließ. Wir bewohnten hier sieben Jahre lang ein kleines einstöckiges Haus, in dessen unteren Räumen die Kranken behandelt wurden; oben lagen die Familienzimmer. Wie es in diesen aussah, wüßte ich nicht mehr zu sagen; dagegen lebt mir das Draußen vor dem Fenster noch klar im Gedächtnis, auch mancher wertlose Gegenstand, dem ich erste Freuden verdankte. Da war ein blaugraues pyramidisches Granitstück, von eingesprengten Glimmerplättchen flimmernd; ich schätzte es mehr als alle gekauften Spielsachen und machte es zur Grundlage meiner kleinen Gebäude. Das Schönste aber war eine große durchsichtig blaue Glasperle, die jemand oben am Fenster aufgehängt hatte, so daß ich sie nach Belieben hin und her pendeln lassen konnte, schnell und kurz, langsam und weit, und immer schien ihre Bewegung mit allem, was ich sonst wünschen und beginnen mochte, geheimnisvoll ineinander zu gehen.

Einmal weckte mich die Mutter nachts und trug mich auf die Straße hinab. Da standen Leute beisammen, murmelten untereinander und betrachteten den Himmel. Eine Hand drehte meinen Kopf in die Richtung, nach welcher alle blickten, und eine Stimme sagte: »Siehst du den Kometen?« Die Erscheinung drängte sich so schimmernd auf, daß ich sie nicht übersehen konnte. Ein langer Bogen von weißem Licht stand mitten in der Nachtschwärze über dem Dorf. Das geduldige Harren und Starren der Menschen, ihr fast ängstliches Flüstern, das einsam-ferne Verweilen des gekrümmten Glanzes, dies alles prägte sich für immer ein, ergriff mich aber später, in der Erinnerung, viel stärker als in jener Nacht. Kaum drei Jahre alt, war ich weder für Furcht noch für Entzücken genug entfaltet; ich saß am Arm der Mutter und spürte durch sie hindurch den sichern Gang der Welt.

Die Kranken mußten manchmal stundenlang auf den Vater warten, und bei schlechtem Wetter, wenn man mich nicht auf die Straße ließ, unterhielt ich mich mit ihnen. Einem jungen Menschen mit sehr kleinem, ganz weißen Gesicht und großen blauen Augen, der eine Zeit kam, hörte ich besonders gerne zu, obgleich er nur mit heiserer oder flüsternder Stimme zu sprechen vermochte. Er galt im Dorf als ein halb Blöder, hatte aber in der Stadt gedient und erzählte von Dingen, deren bloße Namen mich taumelig machten, vom Glaspalast, vom Siegestor, vom Englischen Garten, zuweilen auch vom König. Über Ludwig den Zweiten wurde damals allenthalben viel geraunt; schon wußte ich durch die Mutter vom Wintergarten, der immer grünend auf dem Dache seines Palastes lag, von Schlössern und Burgen, von rasenden Fahrten durch die Schneenächte der Alpen. Solche Geheimnisse aber waren es nicht, was den dumpfen Sinn des kranken Burschen beschäftigte; etwas ganz anderes riß ihn zur Bewunderung hin. Er hatte den König bei der Münchener Fronleichnamsprozession gesehen, wie er, in weit hinausgehaltener Hand eine riesige brennende Kerze tragend, hinter dem Allerheiligsten dahergeschritten war. Die unmenschliche Ausdauer, die dazu gehörte, um zwei geschlagene Stunden lang den starr gestreckten Arm nicht ein einziges Mal sinken zu lassen, die hatte es ihm angetan, und immer wieder versicherte er, daß kein anderer Mensch zu dergleichen imstande sei, es sollte nur einer die Probe machen. Die andern Kranken lächelten über diese Geschichte; ich aber lief ins Schlafzimmer der Eltern, nahm einen der silbernen Leuchter vom Tisch, hielt ihn weit von mir ab und ging mit gemessenen Schritten vor dem Spiegelschrank auf und nieder, neugierig, wie lang ichs aushalten würde, doch ist mir das Ergebnis der Prüfung nicht mehr erinnerlich.

Der arme Mensch, dessen Geplauder mich so sehr ergötzte, litt übrigens, wie der Vater später einmal erklärte, an einem schleichenden Kehlkopfübel; das Organ war außer Wirkung gesetzt, die Atmung geschah durch eine silberne Kanüle, die durch ein Halsband befestigt war und unmittelbar in die Luftröhre hineinführte. Ich fand diese Vorrichtung überaus hübsch und beneidenswert und hörte mit Staunen die Luft metallisch aus und ein sausen, wobei mir allmählich die Vorstellung erwuchs, als bestünde der Mann inwendig aus purem Silber. Ich ließ ihm keine Ruhe, sondern bat ihn immerzu, doch ja recht lang und stark zu atmen; und mit unbegreiflicher Geduld, obgleich ihm dabei Tränen hervorbrachen, willfuhr der Unglückliche meinem Wunsch, bis endlich der Vater das quälende Spiel entdeckte und mir die unteren Zimmer verbot.

Im Spätsommer wimmelte das Moor zwischen Königsdorf und Beuerberg von Kreuzottern, und oft wurde der Vater zu Gebissenen gerufen. Mein sorgloser Verkehr mit allem, was lief und kroch, mochte ihn besorgt gemacht haben; er führte mich dann und wann zu einem der Vergifteten, damit ich die Folgen der Bißwunden sähe, und nahm mich auch bei seinen Fahrten durch das Moor zuweilen mit, um mich durch den unmittelbaren Anblick des Gezüchtes zu warnen und zu belehren. Wagte sich eine Viper in dem Augenblick, da wir vorüberfuhren, über die Straße, so riß er dem Kutscher die Peitsche aus der Hand und tötete das Reptil vom Sitze herab mit zwei heftigen Schlägen. Ich erinnere mich nicht, daß er die tödlich verletzbare Stelle des Halses jemals verfehlt hätte. Wir stiegen dann ab; er ließ mich herantreten und suchte mir die Kennzeichen des Tieres einzuprägen, bei dessen Anblick ich jedesmal ein wunderliches Gefühl erfuhr. Hatte ich zu Hause, wenn von Kupfernattern die Rede war, sie kräftig mitgehaßt und mitverwünscht, – sobald ich eine von ihnen hingestreckt im Staube liegen sah, wurde mir anders zumut. Vergessen waren die gebissenen Opfer, ich sah nur die sterbende Schlange, die mit der ganzen Notwendigkeit ihres Seins zum letzten Mal aufglänzte, und als ein Irrtum, ein Übergriff erschien mir die väterliche Tat.

Ich fragte, ob nicht auch die Kreuzottern der liebe Gott erschaffen habe, worauf der Vater erwiderte: »Jawohl, aber sie haltens mit dem Teufel!«

Wenn ich dann fragte, woher er denn wisse, daß gerade diese hier giftig sei, vielleicht sei sie zufällig unschuldig, dann hob er das getötete Tier mit seinem Stock in die Höhe, ging damit auf mich los, sagte: »Das wollen wir gleich feststellen! Ich glaube, sie beißt noch«, und lachte mich ingrimmig aus, wenn ich schreiend zur Seite sprang.

Ein Trieb zum Streunen, der mich halbe Tage unauffindbar machte, ängstigte die Mutter sehr. Sie suchte Hilfe bei dem freundlichen Dorflehrer, der öfters als Kaffeegast zu uns kam, und bat ihn, er möge mich dann und wann in seiner Schule verwahren, damit ich, wo nichts anderes, doch ein wenig stillsitzen lernte. Der erfahrene Mann hatte sicherlich seine Bedenken gegen einen solchen Versuch mit einem noch lange nicht Schulpflichtigen; mich aber lockte die neue Aussicht, und so ließ er mich denn eines Tages als kleinen Hospitanten dem Unterricht beiwohnen. Leider wies er mir meinen Platz nicht unter den anderen Kindern an, sondern setzte mich auf seinen eigenen Stuhl hinter das Katheder, brachte Bilderbücher und überließ mich meinem Vergnügen, während er selber, zwischen den Bänken wandelnd, Knaben und Mädchen belehrte. Manchmal nahte er vertraulich, fragte flüsternd, wie es mir gefiele, lobte mein Betragen, steckte mir ein Stückchen Schokolade zu und entfernte sich wieder.

Solange mich die Bilder unterhielten, ging alles gut; ich achtete nicht auf die Schulvorgänge und blieb ruhig hinter dem Pult, über das ich kaum wegzublicken vermochte. Endlich waren alle Bücher durchgeblättert, und nun kniete ich mich auf den Sessel, sah im Zimmer umher und legte mir zurecht, was drunten geschah. Sehr viel schien darauf anzukommen, daß jedes Kind unregbar brav auf seinem Platze saß; denn sobald eines beim Schwätzen oder Unfugmachen ertappt wurde, nahm der Lehrer ein Stöckchen vom Katheder und bedrohte den Störer; ja in besonders argen Fällen mußte ihm dieser wie ein Armer, der um eine Gabe bittet, die Hand entgegenhalten und bekam eine sogenannte Tatze darauf. Zugleich nahm ich wahr, daß der Herr Lehrer seine Augen nicht überall haben konnte, weshalb mancher Frevel ungeahndet blieb. Dieser deutliche Riß in der Ordnung der Dinge erregte mich an meiner beherrschenden Stelle gewaltig; der moralische Affe, der, leicht erweckbar, in Kleinen wie in Großen schlummert, erhob sich in mir; ich fühlte mich auf einmal verpflichtet, streng darüber mitzuwachen, daß die Kinder auch wirklich, wie sichs gehörte, schweigsam starr, die Hände auf den Bänken, Holzfiguren gleich, nebeneinander saßen und nicht etwa plauderten, tändelten oder sich unmäßig lang die Köpfe kratzten. Zu sprechen wagte ich nicht; sah ich aber einen Schwätzer, den der Lehrer nicht bemerkte, so suchte ich ihn durch böses Blicken oder unheilverkündendes Winken zur tadellosen Haltung zurückzuscheuchen oder streckte ihm, wenn gar nichts fruchtete, die Zunge heraus. Ein Knabe war dreist genug, mir das gleiche zu tun, und nun ergriff ich das Bambusröhrchen, das zufällig unbenutzt auf dem Pulte lag, stolperte die Kathederstufen hinab und wollte strafend auf den Rebellen eindringen, stand aber vor ihm wie ein erwachter Traumtäter still. Auf dem Schulthron hoch und erhaben, war ich auf dem Boden bloß ein Knirps, den der kleinste Schüler, obgleich sitzend, überragte. Unendliches Lachen erscholl, in das auch der Lehrer einstimmte, und als es endlich verklungen war, fragte mich der gute Mann, ob ich nicht etwa doch Lust hätte, wieder nach Hause zu gehen. Ich sagte ja, erhielt ein Bilderbuch samt vielen schönen Grüßen an die Mutter mit und fand mich bald meiner gewohnten Freiheit zurückgegeben.

Das Fenster mit der blauen Perle war über die Straße hin einem Hügel zugekehrt, auf dem sich Kirche und Friedhof erhoben.

Der hohe graue Turm hatte eine braunrote gelblich bemooste Zwiebelkuppel, um welche meistens mit lautem Gekrächze schwarze Vögel flogen. Eine Stiege mit Geländern führte von der Straße zum Kirchhof hinauf, und auf diesen breiten Stufen ging das ganze Jahr ein wunderbarer menschlicher Wandel auf und nieder. Bald wars eine festlich gekleidete Frau, die behutsam etwas Weiß-Verpupptes im Arm nach oben trug, bald ging ein Mann mit einem grün bekränzten Weibe den gleichen Weg, bald wurde mit Lichtern und Rauch unter Glockengeläut ein verschlossenes blumenüberladenes Behältnis, gefolgt von Singenden und Weinenden, emporgehoben. Das letztere Ereignis tat es mir vor allem an; ich riß beide Fensterflügel auf, musizierte, sang und jauchzte, soviel ich konnte, und ließ mit aller Gewalt die Perle schwingen.

Die Forelle

UNTER DEN KINDERN, DIE MIT MIR SPIELTEN, BEFAND SICH EINE JÄGERSTOCHTER, DIE NICHTS LIEBER TAT ALS GESCHICHTEN ERZÄHLEN. SIE WAR ÄLTER ALS ICH; IHR GESICHT HATTEN LUFT UND SONNE SO DUNKELBRAUN GEMACHT, DA DIE GROSSEN SOMMERSPROSSEN SICH ALS helle Tupfen daraus abhoben; sie wurde daher im ganzen Dorf ›die Forelle‹ genannt. Im Unheimlichen war sie zu Hause, in bösen Taten, Erdbeben und Finsternissen, und immer klang es, als wäre sie dabeigewesen. Auch vom nahen Welt-Ende wußte sie viel; sie entdeckte davon täglich am Himmel die gewissesten Zeichen, und oft, wenn wir auf dem Apfelbaum arglos die Früchte der Erde genossen, schwärmten wir mit süßestem Grauen von deren Untergang.

Was andere vortrugen, vermochte nie, die Forelle zu verblüffen. Stets hatte sie Deutungen bereit oder überbot eine tolle Kunde durch eine noch tollere. Betrüblich war nur zuweilen, daß sie sich ihre Fabeleien wie eine Ware bezahlen ließ und nicht eher zu erzählen anfing, als bis ihr jeder einen Pfennig, ein Läppchen Seidenstoff oder dergleichen eingehändigt hatte. Überhaupt ging sie mit uns jüngeren Kindern nicht gerade gutmütig um. Von ihren Eltern hart behandelt, sah sie gern auch andere gezüchtigt und spähte eifrig nach fremden Sünden. Hatte sie mich eines Vergehens überführt, so trug sie es ohne Gnade der Mutter zu und empfahl ihr angelegentlich meine Bestrafung. Gelang es ihr einmal, diese zu erwirken, so konnte ich ihr dennoch nicht lange gram sein; verfehlte sie doch nie, mir nach erfolgtem Strafgericht etwas besonders Hübsches zu erzählen, wobei sie dann sogar auf den üblichen Lohn verzichtete. Zu meiner Freude gab es auch gute, durchaus menschenliebende Wesen, mit welchen sie heimlich verkehrte. In Felsenhöhlen der Vorberge, nah der Benediktenwand, lebten lichtweiße Hirsche mit kristallenen Geweihen, die wie Menschen redeten und das Mädchen jedesmal aufs beste bewirteten, wenn es zu Besuch kam. Sie leckten ihm die Wangen, trösteten es, wenn es daheim Schläge bekommen hatte, brachten Kuchen und Met, schenkten ihm Kleider und Schuhe und verrieten ihm die Märchen, die es hernach an uns weitergab.

Inständig bat ich die Freundin, mich ein einziges Mal zu den Wunderhirschen mitzunehmen. Sie versprach es und vertröstete mich von Tag zu Tag, brachte aber schließlich mit wildem Weinen die Kunde, daß jene schönen und weisen Tiere, von Jägern aufgespürt und verwundet, ihre Behausungen verlassen hätten und weit hinauf in das unzugängliche Gebirge gezogen wären.

Es kamen Stunden, da war meine Lust, mich auf der Weide zwischen den läutenden Rindern umherzutreiben, ihnen in die Augen zu schauen, ihr mächtig-behagliches Schnauben zu spüren und mich an die schweren warmen Leiber zu drängen, mit Gefahr, daß Hörner und Klauen mich beschädigten. Doch versetzte mich die Tiergegenwart immer in ein sinnlos-trauervolles Erwarten, wie ich es unter Menschen nie empfand. Ich gab acht, ob sich an anderen Kindern etwas Ähnliches zeige, entdeckte aber nichts und glaubte mich mit meinem Fühlen allein in der Welt. Kamen mir in solchen Augenblicken Vater und Mutter, Lehren und Gebete in den Sinn, so wies ich dergleichen Erinnerungen als unerträglich fremd zurück, als wollte ich im Bann der Kreatur selber nur Kreatur sein und aus dem unschuldig-trüben Grunde der Tierschaft nicht erlöst werden, bis ich endlich mit einer Art Schrecken aufsprang und heimlief, sehr froh, wieder im Nüchtern-Menschlichen aufzutauchen.

Wenn es wahr ist, was Dichter sagen, daß vom Ursprung her gewisse Fähigkeiten in uns ruhen, die wir nur leider in dieser Form des Lebens nicht entwickeln können, so war mir wie vielen anderen gewiß auch die Gabe des Fliegens zugedacht. Daß man sich in die Luft erhöbe, wenn man nur lange genug mit ungeheurer Schnelligkeit die Arme schwänge, dies Gefühl war auf einmal da; ich suchte frei Feld und begann mich zu üben. Aber in

Gestalt eines großen Jagdhundes war mir unversehens der Geist der Schwere genaht; gereizt von meinen Bewegungen biß er mich tief in den Arm, Heilungswochen forderten Ruhe, die Flüge hatten ein Ende. Bald aber verdrängte den ersten Wahn ein zweiter, der sich länger erhielt. Einmal, als ich in der Kutsche, neben dem Vater sitzend, über die Loisachbrücke fuhr, wurde mir sehr klar, daß ich, falls ich eine gewisse schräge Richtung nach rechts einhielte und geschwind genug liefe, das Wasser zu Fuß überqueren könnte. Man mußte nur laufen, ohne zu denken, so rasend schnell, daß einem zum Versinken gar keine Zeit blieb, dann konnte nichts fehlen. Langsam befestigte sich der Gedanke; schließlich verriet ich ihn der Forelle. Sie sagte, das sei nichts Neues, sie selber sei schon einmal von Seeshaupt bis Ammerland über den Starnberger See gelaufen und habe dabei nicht einmal einen nassen Rock bekommen.

»So ganz ohne Nücken ist das Ding freilich nicht«, ergänzte sie jedoch mit besorgter Miene. »Wenn du kein Sonntagskind bist und das Wort nicht weißt, das du beim Laufen immer vor dich hinsagen mußt, helfen dir die flinksten Beine nichts.«

Damit schwieg sie und sah streng ins Weite. Froh, die Vorbedingung der sonntägigen Geburt erfüllt zu wissen, suchte ich ihr sogleich das Zauberwort abzuschmeicheln, und wirklich, als ich ihr die blaue Perle bot, vertraute sie es mir an; es hieß: Ogolúr! Ogolúr! Ja, sie schenkte mir noch drei Haselnüsse dazu, die sollte ich beim Laufen fest in der linken Hand halten, wodurch Ogolúr an Kraft gewönne.

Indessen kam Ostern, und über den Vorbereitungen zum Fest entschlief die wellenwandlerische Sehnsucht, aber nicht für lange. Am Ostermontag nach dem Essen waren die Eltern nach Tölz gefahren, ich stand allein am Fenster, da kam, gemächlich knirschend, der gelbe Postwagen den Hügel herab. Der Postillion, prangend in Silber und Blau, begann auf dem Horn ein Lied zu blasen, es durchfuhr mich unüberwindlich; mit laut schlagendem Herzen sprang ich auf die Straße, sah den Kopf des Bläsers nach der anderen Seite gewendet und saß im Nu hinten auf dem Trittbrettchen, dunkel entschlossen, bis zur Loisach mitzufahren.

Kirchgänger kamen des Weges, nickten mir zu, gaben aber nicht weiter auf mich acht; sie mochten denken, ich würde bei den letzten Häusern wieder abspringen. Bald aber blieb das Dorf zurück, und ruhig, unter blauem Himmel, ergab sich das Wohlbekannte: gereihte Birken längs dem Straßengraben, wo schon Dotterblumen und Mehlprimeln blühten, das kupferbraune Moor mit aufgestapeltem Torf, Krüppelföhren und fernen Schneestrichen, und hinter allem die hell verhüllten Gebirge. Der Postillion blies Lied um Lied; ein weißes Gestäube ging von den Rädern aus und machte mich den Fußgängern unsichtbar. Dann und wann griff ich nach den Haselnüssen und wiederholte mir das Wort Ogolúr.

Später fuhren wir durch Gehölz eine Höhe hinan; hier wehte es kühl und staubte nicht. Ich sah einen alten Mann von einem Seitenweg auf die Straße kommen; sein langer Bart war grünlichgrau, sein Rock zerrissen, sein Gang taumelnd; jammernd sprach er mit sich selber und bewegte heftig die Arme. Es war zu sehen, daß er den Postwagen gern eingeholt hätte. Auf einmal bemerkte er mich und winkte mir, schließlich drohte er mit beiden Fäusten. Ich erschrak, merkte aber zugleich, daß der Abstand zwischen ihm und mir immer größer wurde, und wagte seine Drohgebärde zu erwidern, worauf er in Wut geriet, fluchte und mir schließlich einen Stein nachwarf. Der Postillion meinte, dies alles gelte ihm; gutmütig schrie er zurück: »Schlaf deinen Rausch aus, alter Sünder!« und fuhr eilig weiter. Dieser Zuruf ernüchterte mich wie ein Wetterschlag. ›Sünder‹ – das war mir durch seinen bloßen Klang ein furchtbares, ein feierliches Wort; wo es erklang, war meistens auch der Name Gott nicht fern, es tat mir sehr leid, dem alten Mann gedroht zu haben. Hätte ihn mir jemand gleich anfangs als einen Sünder bezeichnet, ich würde mich gehütet haben, gegen ihn die Hand zu erheben. Und plötzlich fiel mir auf, daß ich die Gegend, welche wir nun durchfuhren, gar nicht kannte; nie hatte ich so viele Bäume gesehen, nie so große Steine, ich begann mich zu fürchten. Aber da war gerade die Steigung überwunden; unaufhaltsam ratterte das Gefährt abwärts, ich hatte nur noch zu sorgen, wie ich mich am Brettchen festhielt, und unverhofft endete die höllische Niederfahrt vor einem großen weißen Hause, an dem ein blaues Briefkästchen angebracht war; ich vernahm ein behaglich-gleichmäßiges Gesumm, dazwischen Zitherspiel, Gesang und Kegelkugelrollen, und sah in einen offenen Wirtshausgarten hinein, wo viele Leute vor großen grauen Krügen an langen Tischen beisammen saßen.

Wie von Schlägen mürbe ließ ich mich abgleiten und wurde bald von staunenden Kindern umringt und jungen Müttern zugeführt, die den verdutzten Schwager lächelnd fragten, welch noblen Fahrgast er da mitgebracht habe. Alle Frauen waren schön feiertägig angetan, hatten runde schwarze oder grüne Hütchen mit silbernen Schnüren und Quasten und um die starken Hälse Kettchengewinde mit goldenen Schließen; in der Hand hielt jede ein Gebetbuch, dazu einen Büschel blauer und gelber Blumen. Sie fragten mich, wem ich gehöre, wuschen mir am Brunnen mein verstaubtes Gesicht und wußten jedes Bedürfnis. Endlich setzten sie mich zu ihren Männern an einen Tisch, brachten Ostereier, Brezeln und Milch und sprachen dabei immer von meiner Mutter, wie sie sich um mich ängstigen werde. Zuletzt beschlossen sie, mich dem Postillion, der nach zwei Stunden zurückkehren mußte, einfach wieder mitzugeben. Die Bänke füllten sich mit neuen Gästen, unaufhörlich klang die Zither, etliche sangen, andere schlugen sich mit den Händen auf die Schenkel; groß war die allgemeine Lust, und jeder beteuerte, so helle heiße Ostern habe noch niemand erlebt.

Und siehe, es kam auch der alte Sünder in den Garten herein, zog tief den Hut, ging voll Demut von Tisch zu Tisch und sammelte Spenden. Er hatte jetzt ein Gesicht wie Gott-Vater, und inbrünstig betete ich im stillen, er möge mir gnädig sein und mich nicht erblicken. Wirklich erkannte er mich gar nicht mehr, und als ich ihm eins von meinen roten Eiern in den Hut warf, bedankte er sich aufs höflichste.

Nachdem ich an den Speisen satt geworden, zogen mich die Kinder fort. Wir einigten uns auf ein Versteckspiel, wozu der weite Baumgarten mit vielen anschließenden Gebäuden und Gebüschen einlud. Bald war auch ich an der Reihe, mich zu verbergen und gesucht zu werden. Ein langer scheunenartiger Bau schien meinem Zwecke dienlich; ich trat ein und sah, während ich mich im dämmrigen Raum weitertastete, wie gerade durch eine Luke am Boden der andern Seite etwas unbeschreiblich Schönes ins hereinfallende Licht hinaus entschwand, ein schwarzgrüngoldenes Fließen, dem ich nichts Bekanntes vergleichen konnte. Begierig sprang ich nach und zwängte mich durch das Pförtchen. Es gelang nicht leicht; meine Jacke zerriß, Knöpfe hüpften davon, endlich aber stand ich draußen im Freien bei einem herrlichen Pfau, der sich nur langsam entfernte und ruhig bewundern ließ. Jetzt aber, ganz nah, schollen die Rufe der Verfolger. Vor mir stand Schilf und kahles Gesträuch als einziger Unterschlupf, unwiderstehlich aber zog der wandelnde Gefiederprunk, ich verharrte unschlüssig, – plötzlich stieß das gleißende Tier einen Schrei aus, scharf, böse wie ein Schimpfwort, – erschrocken, doppelt verscheucht brach ich mit einem Satz in das Dickicht ein und stürmte, Geflecht und Geschling überwindend, unaufhaltsam vorwärts, bis ich an eine kiesige Fläche gelangte; hier hielt ich und horchte. Die Kinder waren still, der Pfau war still; ein leises Tosen erschütterte den Boden, der mit großen weißgetupften Blättern und rötlichblauen Blumen bewachsen war, und breit hinaus, durch Strauch und Pflanzengefüge, glänzte das Wasser. Ich sah mich in der Nähe um. Nur schmaler trockener Grund schied mich von allerlei Tümpeln und Lachen mit schwarzem, halb überschwemmtem Gestrüpp; hier hatten sich viele Holz- und Schilfstückchen gesammelt, dicht aneinanderliegend schwammen sie wie kleine Matten auf dem unruhigen

Wasser, zierliche Vögel standen darauf und ließen sich schaukeln. Draußen aber war die große zu Wirbeln verzogene Flut. Gern hätte ich die hübschen Vögel genauer betrachtet; aber am weiteren Vordringen hinderte mich ein sonderbares Etwas. Unheimliche gelbgraue Wesen bedeckten zwischen hohen Sträuchern den Grund, halb wie Raupen, halb wie Puppen, manche leicht gekrümmt, andere lang ausgestreckt, und, was gar schauerlich war, keins bewegte sich im mindesten, alle stellten sich gleichsam tot. Ich pflegte sonst nichts Lebendiges zu fürchten, weder Käfer noch Mäuse noch Schlangen; aber gräßlich waren mir die augenlosen Larven. Ich kannte das bereits: unschuldig hing es oder lag es irgendwo, man nahm es zutraulich auf wie ein Schneckenhäuschen, plötzlich zuckte es an den Fingern, und widerwillig mußte man ihm Leben zuerkennen. Dergleichen glaubte ich auch jetzt vor mir zu haben, und beim bloßen Gedanken, daß ich die zweifelhaften Geschöpfe auch nur mit der Schuhspitze berühren oder gar auf sie treten sollte, lief es mir kalt über die Haare. Lieber verzichtete ich für diesmal auf neue Entdeckungen und begnügte mich, von meiner Kiesplatte aus auf das Gewässer zu blicken.

Da wars, als hörte der Fluß zu fließen auf, als triebe vielmehr ich selber samt dem Ufer mit rasender Gewalt ins Unbekannte. Zugleich spürte ich einen leichten Schwindel und wagte von der täuschenden Ferne nicht wegzuschauen. Ich entsann mich auch dabei, daß ich über die Loisach hatte laufen wollen, und irgendwo in der Unendlichkeit flog das Wort Ogolúr. Drüben, jenseits des Flusses aber nahte jetzt Musik, mir schien von einer Ziehharmonika, dazu heller vollstimmiger Gesang, doch sah man die Sänger nicht, nur ein Flirren von buntem Kleid oder Band hinter Stämmchen und Stauden, es mußte ein Zug fröhlicher, geschmückter Menschen sein. Da verlor sich das Trügende, das Wasser floß wieder, und während Musik und Farben sich entfernten, trieben auf den Wellen allerlei Gegenstände herunter: ein Stuhl, ein Rechen, ein Backtrog, und ganz nahe, in schrecklicher Wahrheit, ein bräunliches Tier mit kugelhaft geblähtem weißen Bauch und entblößten schimmernden Zähnen. Dieser Anblick weckte unermeßliches Heimweh, bedroht schien die Rückkehr zur Mutter, und als nun gerade ängstlich, fast zornig die suchenden Kinder nach mir schrieen, wars wie ein Glück. Ich folgte mit lauten Antwortrufen, verfing mich in Pflanzen und geriet in ganze Wolken gelben Staubes, der, von geschüttelten Zweigen abqualmend, zum Husten reizte. Aufblickend entdeckte ich, daß dies duftende Pulver von den nämlichen gelbgrauen Raupen herrührte, die mir vorhin so widerwärtig den Weg verlegt hatten; büschelweise wuchsen sie hier massenhaft an schwanken Ruten. Diese Erkenntnis im Fluge mitnehmend, stürmte ich weiter und langte heiß und froh im Garten an. Schon stand der Wagen zur Abfahrt bereit. Ich nahm Abschied von den kaum gewonnenen Gespielen und lud alle zu einem Besuch in Königsdorf ein. Die Frauen wickelten mich in ein Tuch, stellten einen Weidenkorb mit Geschenken, obenauf die gefärbten Eier, vor meinen Sitz und befahlen mir, ihn der Mutter zu überreichen, damit sie mich nicht etwa unglimpflich empfange. Der Postillion blies, ich machte mirs auf dem Bock neben ihm bequem, die Räder ächzten bergan.

Als wir bei Vollmond und letztem Tageslicht in Königsdorf einfuhren, stand an einem Gartenzaun die Forelle. Sie machte ein böses Gesicht, drohte mir, dem Wagen folgend, mit dem Finger und schrie:

»Freu dich, Ausreißer! Dir ist eingeheizt. Die Rute liegt schon auf dem Tisch!«

Ich aber, ohne zu überlegen, in schneller Erleuchtung, hob ihr mit aller Kraft beider Hände den herrlich überladenen Korb entgegen und log aus Herzensgrund:

»Ogolúr! Ogolúr! Ich fürchte mich nicht! Über die Loisach bin ich gelaufen. Bei den weißen Hirschen bin ich gewesen. Met und Brezeln hab ich gekriegt, und schau nur, wieviel Ostereier sie mir geschenkt haben!«

Von der Mutter wurde ich, statt mit Strafen, mit viel Tränen und liebevollen Vorwürfen empfangen, und bald verlor sich der abenteuerliche Tag für manches Jahr aus meinem Gedächtnis. Was mir aber noch lange zu schaffen machte, war das künftige Verhalten der Forelle. Meine Wagen-Triumphrede mußte sie tief erbittert haben; sie sah darin einen frechen Einbruch in ihren eigensten Bereich und rächte sich grausam, indem sie jedesmal sofort zu erzählen aufhörte, wenn sie gerade im Hörerkreise saß und ich dazutreten wollte. Vergeblich bot ich ihr meine höchsten Besitztümer, sogar das kostbar flimmernde Granitstück; sie blieb abgewandt, und es bedurfte eines ungewöhnlichen Ereignisses, um das harte Herz zu erschüttern.

An einem Nachmittag im Sommer kam Gewitter. Es wurde sehr finster im Zimmer; breit rollte der Donner von den schwarz verdeckten Bergen herein. Die Mutter hielt sich in einem Nebenraum auf; ich stand am Fenster und sah den Himmel an. Auf Schiefergrau schrieb sich ein weißer Blitz; die Unwillkürlichkeit der Erscheinung war überwältigend, ich klatschte vor Lust mit den Händen. Die Magd, sehr bleich, verwies mir meinen Jubel, zündete ein schwarzes Kerzchen an, klebte es am Tischrande fest und begann zu beten. Aber mit kurzem, trockenem Krachen erglänzten bläulich Zimmer und Welt, dann wurde es still. Unten schrie jemand: »Das Jägerhaus brennt!« Leute rannten zusammen, und im Nu war ich mitten unter ihnen. Es regnete leise, während wir die kurze Strecke zu der wohlbekannten Anhöhe zurücklegten. So nah die erhitzte Luft es zuließ, trat ich an den Brand heran; der Ur-Herrliche, schrecklich Rechtmäßige der Flamme zog mit Geisterstärke. Wie war so gar nichts Gehässiges an ihr! Gleich einem, der weiß, wie er sein Tagewerk wohl vollende, hat sie schnell das Brennbare zusammengesucht; selig vertilgt sie es und lodert schön zum Himmel. Hurtig aber, mit Eimern und Kübeln, liefen die Menschen zum Bach hinunter, schöpften Wasser und schütteten es ins Feuer. Dies reizte zur Nachahmung; in altem Schutt fand ich einen kleinen verrosteten

Becher, damit lief ich nun unermüdlich zwischen Bach und Haus hin und her und bespritzte den Brand. Schweiß tropfte von der Stirn; ich bemerkte es mit Genugtuung und verdoppelte meinen Fleiß. Da berührte mir jemand die Schulter; ich sah auf, es war die Forelle.

»Laß es gut sein!« sagte sie, während ihr Träne auf Träne über die rötlich gesprenkelten Wangen herabrann; »es ist ja doch umsonst. Die Betten und das Geschirr und die Geißen sind heraußen, und um das alte Geraffel ist nicht viel schad.« Nun erst sah ich, daß von dem Häuschen eigentlich nichts mehr vorhanden war und daß die Erwachsenen schon aufgehört hatten, das Verlorene noch retten zu wollen. Vor einem Haufen zusammengeworfener Habe standen die zwei Ziegen, an ein Bäumchen gebunden, und rupften Gras. Der Jäger und sein Weib schauten gelassen auf die glosenden Trümmer, während ein vollbärtiger Herr mit grünem Hütchen ihnen zusprach. Von den Dorfkindern war keines zu sehen; keins hatte, wie ich, das Glück gehabt, seiner Mutter zu entwischen. Ich wandte mich um, da stand farbenhell ein ungeheurer Bogen über der finsteren regnenden Welt. Die Befreiung, die wir jedesmal fühlen, wenn das Licht, das sonst so strenge, tief gebundene, sich einmal vergißt und jubelnd in seine Farben auseinanderklingt, ich erfuhr sie mit erster Gewalt – »Die Welt geht unter!« schrie ich entsetzt und entzückt.

»Es ist nur ein Regenbogen«, erklärte die Forelle. »Man könnte zu ihm hingehen. Er steht auf goldenen Schüsseln im Gras.«

»Wir holen sie, komm! Und du kaufst dir dafür ein neues Haus!« Ich nahm sie bei der Hand und suchte sie fortzuziehen.

»Lassen wirs lieber!« sagte abwehrend die Forelle. »Wir sind beide barfuß, und der Torf ist voll Nattern.«

»Wir holen Schuhe und Strümpfe«, versetzte ich entschlossen.

»Man soll es nicht tun«, erwiderte sie bedenklich.

»Warum nicht?«

»Wenn du gar nicht an die Schüsselchen denkst und findest sie zufällig auf deinem Weg, dann gehören sie dir, und du hast Glück damit. Wenn du aber danach suchst, so hast du eine Sünde.«

»Wir brauchen übrigens kein Gold«, fuhr sie nach einer Weile fort. »Der Staat muß uns ein nagelneues Haus bauen, viel schöner als das alte. Der Staat hat Geld genug. Der Herr Forstmeister hat es gesagt.«

Plötzlich fing sie wieder zu weinen an, und als wäre ich das einzige, was ihr das Feuer übrig gelassen, drückte sie mich heftig an sich, während ich mit Verwunderung bemerkte, daß aus dem schönen Bogen bereits ein großes Stück herausgebrochen war.

Der Marktplatz

WIE GLÜCKLICH SIND WIR, SOLANG DIE DINGE NOCH KEINE NAMEN HABEN, SOLANG UNS ALLES ZUM EINZIGEN UND EWIGEN MAL ERSCHEINT, SOLANG WIR NOCH NICHTS WISSEN VON DER UNERGRÜNDLICHEN WIEDERGEBURT DER FORMEN! KAUM HATTE ICH DIE SZENE EMPFUNDEN UND SELBST ein wenig mitgespielt, da fand ich mich schon in eine neue versetzt, eine Unterbrechung des Daseins entstand, ein leerer irrer Schmerz, und nur langsam wuchsen alter und neuer Raum zusammen.

Aus Kading, einem schönen Marktflecken der niederbayrischen Ebene, war der alte Ortsarzt fortgezogen, und rasch besetzte mein Vater den Posten. Am nördlichen Ende des Marktplatzes, im Gasthaus zu den drei Helmen, erhielten wir eine Wohnung mit vielen großen Zimmern. Ein bedeutsamer Wechsel für den Knaben, der bis dahin, Bergesnähe witternd, zwischen Bach und Garten und laubverkleideten Häuschen streifend, seine Beute gesucht hatte, nun aber sich zwei langen und zwei kurzen Gebäudereihen gegenübergestellt sah, die mit geschwungenen und gestuften Riesengiebeln ihn einschüchterten und mit unzähligen Fenstern und Luken auf ihn äugten, während er selbst ihnen wenig anhaben konnte. Daß die Metzgerhäuser blaßrosa getüncht waren, die Wirtshäuser bräunlich, Kirche, Pfarrhof und Schule aber weiß, dies war meine erste Entdeckung, und damit verlor der Platz bereits etwas von seiner Fremdheit. Über jeder Haustür sah ich das Bild eines Heiligen angebracht; das war schön und erregte mir von der Würde der Bewohner ungemeine Begriffe, die sich gleich so tief befestigten, daß lange Zeit auch die krassesten Beweise des Gegenteils kaum den Blick, noch weniger das Gefühl überzeugten. Ein wunderbares Bild befand sich am südlichen Markt-Ende. Sah man von der Seite darauf hin, so wars nur ein überglaster Schrein, der innen durch dünne, beiderseits bemalte Stäbchen in gleiche schmale Räume geteilt war. Beim

Näherkommen schienen sich die Stäbe zusammenzuschieben, und aus dieser Bewegung trat auf einmal der erstandene Christus hervor, auf sein goldenes, den Leib durchglühendes Herz hinweisend. Aber das war nur eine Sekunde! Ging man weiter, so zerbrach die Gestalt, die Stäbe wichen auseinander, das Grundgemälde, Gott-Vater, der umwölkte, planetentragende Zeuger der Welt, wurde sichtbar. Wenige Schritte, und wieder entschwankte das Bild, wieder fügten sich die Stäbe, und silbern erglänzte die geistige Taube über dunkelgrünem Gewässer. Der diese Herrlichkeit besaß, war Nachtwächter und zugleich Totengräber von Kading, ein berüchtigter Mann, dem die Leute nachsagten, aus Geiz habe er seinen einzigen Bruder in die Grube gebracht. Auch sonst gelangte mir manches Grausige über ihn zu Ohren, und wenn ich ihm auf dem Platz begegnete, war er mir nicht heimlich. Kam ich aber an sein Haus und ließ langsam die Heilige Dreifalt vorbeiwandeln, so war mir der Verrufene, wenn er mit seiner schwarzen Zipfelmütze am Fenster erschien, lieb und ehrwürdig, und ich bot ihm höflich guten Abend. Die bösen Gerüchte standen wohl irgendwo in der Nähe, konnten aber, gebannt von dem Bildwunder, nicht herankommen.

So fuhr ich anfangs auf dem Platze durch die Zeit wie auf einem Schiff, über dessen hohen Häuserbord ich nicht wegblicken konnte. Ich sah Jahrmärkte, Pilgerzüge, durchmarschierende Truppen, Zigeunerbanden und Tanzbären darübergehen; aber das alles kam mir vorderhand nur wie von Sturzwogen, die rätselhaftes Zeug herein- und hinausspülten, und wie eine Schiffsratte sah ich noch in dem nüchternen alltäglichen Gefüge des Marktes das wirklich wichtige erforschenswerte Leben.

Am Fronleichnamstag merkte man freilich, daß alle andern Tage nur auf diesen einen gewartet hatten. Der Platz glich dann einem ungeheuren oben offenen Saal, an dessen Wänden sich der Umgang mit Lichtern, Bannern und Standbildern hinbewegte. Noch bei Nacht wurde der Boden mit Laub und Schilf bestreut, und wenn sich der Zug schon ordnete, eilten bekränzte Kinder den singenden Wandlern voraus und warfen zerblätterte Pfingstrosen und Narzissen auf den duftenden Teppich. An vier Häusern sind Altäre für die vier Evangelien aufgebaut; junge Birkenopfer, an Türpfosten und Fensterkreuzen angeknebelt, mischen Sterbeatem süß in bitteren Weihrauch, der nach und nach in die Wohnungen dringt. Aus Fenstern ist goldstreifiger Scharlach herabgebreitet, und Flämmchenreihen rauchen vor den Heiligenbildern. Mächtig ist das Ineinanderströmen der Gebete und Gesänge. Chor der Männer, Chor der Frauen, der Jungfrauen, der Knaben, der Mädchen, – jeder fleht und preist inbrünstig für sich, ohne des andern zu achten, höchstens daß einer den andern zu überbieten sucht. Geschieht es dann einmal, daß alle Hymnen in einer unendlichen Erhebung zusammentreffen, und schallen zu Tuben und Posaunen auch noch die zusammen geläuteten Glocken darein, so entsteht eine Lautwoge, die sich vor Kraft überschlägt, bis auf einmal das Zeichen erklingt, der Priester das goldene Gehäus erhebt und die Wandlung, glühend im kleinen Brote, die Menschen beugt und verstummen macht.

Mit dem fast schmerzhaften Prunk einer Zeit, welche ihres Glaubens nicht mehr sicher ist, wurde dieses Fest begangen; es berauschte die Seele, ohne sie so mächtig zu befruchten, wie es Oster- und Pfingstfest vermochten, bei denen die ganze Gott-Natur mitfeierte. Werden Kinder in eine beginnende Welt hineingeboren, für welche die gültigen Feste noch nicht gestiftet sind, so haben sie früh davon eine Spürung; die Trauer des Sonntags ist in ihnen, gern legen sie am Abend ihr Feiertagsgewand ab und freuen sich wieder des Werktags, – aus ihm kommen ihre echten Freuden, aus ihm die großen Schauer, die den Lebensgrund kräftigen, indem sie ihn heftig zu erschüttern scheinen. – Einem Unmündigen weist niemand die Tür, und in kurzer Zeit lernte ich alle Gewerbe des Fleckens kennen. Einmal zogen mich Spielgenossen in ihren elterlichen Hof. Dort stand hinter langem Tisch ein weißgekleideter Mann, der eine glasig braune, zähflüssige Masse lang auswalzte und in lauter gleich große Stücke zerschnitt, aus denen durch Erstarrung allmählich die beliebten hustenstillenden Malzzeltchen entstanden. Erwartungsvoll standen Kinder um ihn herum, und von Zeit zu Zeit hörte man einen flehenden Ruf: »Ach bitte, Herr Kriegl, bitte, laß uns doch deine Finger abschlecken!« Ob diese Wünsche Erfüllung fanden, ist mir nicht im Gedächtnis geblieben. In der Nähe aber, auf rundem Rasen, lagen, locker verstreut, zahllose Bänder, Blätter und Schnitzel eines weißlichen Stoffes, der die ganze Luft umher wohlriechend machte. Dies war das Wachs, das die Bienen bereitet hatten, das Wachs, das anfangs gelblich gewesen, jetzt aber bei bedecktem Wetter gebleicht worden war. Ich fragte, ob ich ein weniges davon mitnehmen dürfe, und erhielt eine Handvoll zum Geschenk. Solchen Schatz für mich zu behalten, war unmöglich; ich lief heim und gab ihn der Mutter. Sie legte ihre Näherei beiseite, schüttete sich das Wachs in die hohle Hand, wog es wie ein edles Metall und zeigte eine Freude, wie ich sie sonst selten an ihr bemerkte. Sie nannte es einen unverweslichen Stoff, den sie mir gut aufbewahren wolle, und erging sich dann im Lobe der frommen emsigen Bienen. Ich fragte, ob die Bienen es auch wüßten, daß wir uns über sie freuen.

»Es gibt Wesen«, sagte sie, »die schaffen Glück und wissen es nicht. Die Bienen denken immer nur an ihr Geschäft; sie sammeln Honigseim den ganzen Sommer lang und bauen ihre wächsernen Häuser, wie sie können. Wenn es aber kalt wird, fliegen sie heim; der Frost betäubt sie, und am Weihnachtsabend, wenn du dir die Honigkuchen schmecken läßt und das ganze Zimmer von Wachskerzen duftet und glänzt, dann hängen sie starr wie eine Taube aneinander und haben ihre eigenen Träume.«

So etwa sprach die Mutter; mich aber verdroß die übermäßige Lobpreisung. Hatte mich doch erst vor kurzem eine Biene in die Schläfe gestochen, ein Schmerz, den ich durchaus nicht vergessen konnte. Ich wollte nun wissen, ob auch diese ein frommes Tierchen gewesen sei.

»Bienenstiche sind heilsam; sie reinigen das Blut«, antwortete die Mutter, stand auf und führte mich an einen Schrank, den sie noch nie vor mir geöffnet hatte. Da lagen im oberen Fach die Kästchen mit ihrem Schmuck, daneben Schächtelchen mit blonden und silbernen Locken und manch anderes Vermächtnis, endlich brachte sie zwei große Wachsstöcke hervor. Die waren in Form von Büchern gewunden und mit goldenen Leisten und Blumen verziert. Die wächsernen Bücher konnte man öffnen; das eine war leer, in dem andern aber lag ein Christkind mit segnend erhobenen Armen, einen Bogen heller Sterne um das Köpfchen. Das leere wurde nun mit dem geschenkten Wachse gefüllt und, nachdem ich noch ein Weilchen das heilige Kind hatte betrachten dürfen, Bücher und Lade wieder verschlossen.

Der Garten

Von den ersten hellen Märztagen an verbrachten wir alle halbwegs heiteren freien Stunden im Garten. Er lag nicht neben dem Haus; man musste durch den Hof und einen grossen, mit Kastanienbäumen bestandenen Bierkeller gehen, um in dieses Reich der Mutter zu gelangen. Obstgärten der Nachbarn und eine schmale Dorfgasse begrenzten ihn von der andern Seite. In der Mitte stand eine hellgraue quer zersprungene Steinurne, worauf die halbzerfallenen Leiber nackter Kinder gerade noch erkennbar waren. Hier verweilten wir oft am Abend, ehe wir in die Wohnung zurückkehrten, und besprachen die Arbeiten und Aussichten des nächsten Tages.

Unter dem Gartenhimmel war die Mutter ein anderes Wesen als oben in der drogendurchdufteten Wohnung; sie fand sich leichter mit allem ab, scheute die Menschen weniger und ging auch mit mir minder streng um als sonst. Nur duldete sie keineswegs, daß ich mich als müßiger Gast um sie herumtrieb. Sowie das Erdreich umgegraben und in Beete geteilt war, zog sie mich in ihren Dienst.

»Wir müssen uns regen«, sagte sie, »wenn wir schöne Blumen und gutes Gemüse bekommen wollen! Ich zeige dir heute die Blumensamen, merke dir, wie sie aussehen! Im Herbst wirst du sie selber sammeln und unterscheiden!«

Neugierig betrachtete ich die papiernen, in sich geschlossenen Hülsen, deren jede in starken Farben das Bild einer Blütenkrone über einem Namen trug. Eine nach der andern ward eröffnet und der Inhalt in besondere kleine Schalen entleert. Es gab graubraune Kügelchen, Blättchen und winzige vertrocknete Stäbchen; ja manche glichen schmutzigem Häcksel oder Schnupftabak, und mit entzücktem Staunen vernahm ich, daß aus dem krausen mißfarbenen Zeug die nämlichen herrlichen Blumen hervorgehen sollten, die man auf den papiernen Briefchen abgebildet sah. Das Wort der Mutter war untrüglich, und ich gelobte meinen besten Fleiß, damit solche Wunder entstünden. Bald, bedächtig wie die Meisterin selbst, strich ich mit dem Finger gerade Rillen durch die schmalen Rabatten, streute Samen hinein, schrieb Namen auf Stäbe und steckte mit diesen die Gebiete der Arten ab.

Später lehrte sie mich die Pflänzchen auseinanderkennen, die noch so zart waren, daß die künftige Form sich eben erst andeutete. Auch gewöhnte sie mich, den Blick auf jene grünen Räupchen einzustellen, welche, die Farbe der Blätter nachahmend, sie bewohnen und zerfressen; und wenn mir sonst Insekten in die Hand fielen, zeigte sie, wen ich als Pflanzenfeind zu vernichten und wen ich als gleichgültig oder nützlich zu schonen hatte. Der strikte Befehl, alle Schädlinge zu töten, brachte manche Verlegenheit. Nicht immer war die Mutter gerade zugegen, wenn ein verdächtiges Wesen in meine Haft geriet; oft blieb ich beim Urteil auf mich selber angewiesen. War das Schädlingstum nicht unbezweifelbar, sondern bloß wahrscheinlich, so half ich mir, indem ich den Gefangenen mit strengem Wort verwarnte und hierauf, alle Verantwortung abwälzend, in den Garten des Nachbars hinüberwarf. Später verließ ich mich immer mehr auf meine Sinne und glaubte dabei höchsten Eingebungen zu folgen. Alle Tierchen, deren Erscheinung mich erfreute, besonders die zierlichen rot und grün schimmernden Käfer, ließ ich als Gott gewißlich wohlgefällige Wesen unter freundlichen Zurufen ihre Wege ziehen, verhärtete dagegen mein Herz gegen häßliche dunkle Geburten, wie Maulwurfsgrillen, Ohrenschlüpfer, Tausendfüßler, vor allem auch gegen die übermäßig rasch Laufenden, deren Eile ich als ein böses Gewissen ansprach. Stark wirkte schon die Lehre von Himmel und Hölle; die frühe Unbefangenheit gegenüber den Geschöpfen war getrübt, bereits begann ich in den kleinen Ungetümen Abkömmlinge des Teufels zu verfolgen. Manches Jahr mußte vergehen, bis ich wieder begreifen lernte, daß uns vor absonderlichen kleinen Tieren nur darum graut, weil wir den Sinn ihrer Gestalt nicht erkennen und unsere eigene Unruhe in sie hineindichten. Bisweilen tauchten wunderbare Erdspinnen auf, zu deren Vernichtung ich mich niemals überwand, obgleich sie auf der Todesliste der Mutter ganz oben standen. Sie waren hochrot und hatten die feste Weichheit von Samt; als lebendige Juwelen entschlüpften sie dem schwarzen Grund und verschwanden schnell. Gern ließ ich sie den Zeigefinger entlang zur Spitze laufen, bis die Sonne durch ihr kirschrot glühendes Blut schien, und gab sie wieder frei. Gerieten sie aber in die Nähe der Mutter, so bestreute ich sie verstohlen mit Erde.

Als Lohn für meinen Fleiß wurde mir eines Tages in einer Gartenecke ein Stückchen Land angewiesen, darauf durfte ich bauen, was mir beliebte. Wie allen Kindern war mir der Wunsch eingeboren, mich unsichtbar zu machen, aus dunkler Sicherheit gefährlich in hellen Tag hinauszulauern, und so begehrte ich mein kleines Lehen mit lauter Gewächsen zu besetzen, die größer wären als ich selber, damit ich mich verstecken könnte wie in einem Walde. Da gab mir die Mutter Pflänzchen von Sonnenblumen und Riesenhanf, dazu türkischen Mohn, um die künftige Wildnis zu verdichten und zu färben.

Unmerklich, durch Sturm und Sonne, drehte sich das Gartenjahr dem Gipfel zu; immer mehr machte ich mich zum Heinzelmännchen, das hinter dem Rücken der Herrin noch emsiger arbeitete als angesichts. Die Zeit kam, wo wir den Segen unserer Mühe ernteten. In derber Kraft standen die Küchengewächse, doch bemerkte man sie kaum; den größten Teil des Bodens überflutete von Zaun zu Zaun ein solches Blühen, daß auch der Geschäftigste davor verweilen mochte. Schweigsam sahen nach Feierabend die Nachbarn herein, Kinder baten um Blumen für ihre Spiele, und vor hohen Fenstern kamen fremde Gärtner und wählten etwas von unserm Überfluß für Sträuße und Kränze.

Längst war ich davon abgekommen, Tiere zu töten, die für feindselig galten; die aber nun den Garten besuchten, kamen nur, um ihn schöner zu zieren. So flogen zu den lila Dolden, die jetzt aus der Urne herabhingen, sehr scheue Schmetterlinge, die sich niemals niederließen, sondern schwebend sogen, wobei sie, mit Wirbelschnelle flatternd, ihre Form nicht verrieten, immer ein rätselhaftes gelbgraues Nichts.

Auf leichtgewölbten Hügeln wohnten die Portulakröschen, die bei Sonnenschein seidig auseinanderblühen, sich aber in wenigen Minuten zur Knospe zurückfalten, sobald eine große Wolke das Licht vermindert. Um sie herum in schmalem Kreis wuchs der veredelte rote Flachs, ihm folgte nach außen ein Ring starker weißgrauer Blätter, die lang und haarig waren wie die Ohren junger Kaninchen.

Salpiglossis oder Trompetenzunge hieß eine sehr herrliche Blume, deren Erblühungen wir wie Feste begrüßten. Der Innensamt ihrer tiefgezackten Glocken hatte die Farbe großer Nachtfalter; goldgelbe Zeichen waren wie mit feinster Feder darauf eingeschrieben. Überall am Saum der langen Beete standen Stiefmütterchen, deren breite Gesichter sich, wie der Vater behauptete, nicht nach der Sonne wenden, sondern immer dem Wege zu, wo die meisten Menschen vorüber gehen. Zwischen porzellanblauen Kronen und weißgeränderten Purpurbechern erhoben sich die Nordlichtverbenen, deren hohes verschwiegenes Rot nur selten und spät erglomm, dann aber bis in den Herbst hinaus nicht mehr verlosch. Am Zaun stand Eisenhut, der als giftig verrufene, der aber ein Geheimnis verwahrt, nur Kindern bekannt: man braucht ihm nämlich nur seinen Helm abzunehmen und hat nun zwischen den Fingern den zierlichsten violetten Wagen, den winzige Täubchen an langen silbernen Deichseln ziehen. Unscheinbar in einem Winkel wuchsen Stauden, die wir nicht gesetzt hatten; niemand wußte ihren Namen. Ein dunkelroter nackter Schaft, nicht höher als ein Christbaumkerzchen, brach in einen Büschel schmaler harter Blätter wie in eine Krone aus. Diese Blätter waren nach außen gebogen und hatten oben ein glänzendes Ledergrün, unten aber das nämliche Rot wie der

Stengel. Das Ganze glich einem Bäumchen und gemahnte mich an die Palmen des Morgenlandes, wie sie in der Schulbibel abgebildet waren. Die Mutter zählte diese Gewächse zu den Unkräutern, ließ sie aber auf mein vieles Bitten hin bestehen.

So spielte der Pflanzengeist in unzähligen allversuchenden Formen um uns, und ich spielte, so gut ich vermochte, mit ihm. Langsam aber gewöhnte mich die Meisterin, gewisse Blüten nur um ihrer schlichten Schönheit willen zu verehren. Im zweiten Jahre sah ich schon manches mit ihren Augen an, und schließlich erlebten wir immer dann unsere höchste Gartenfreude, wenn aller Formentaumel plötzlich aufgehoben schien und nach langem, strengem Knospentum der einfache Gedanke der Rose selig vor uns aufging.

Der Fund

Aus Tischgesprächen wusste ich, dass auch die früheren Ärzte von Kading in unserem Hause gewohnt hatten, und einmal klagte die Mutter, all diese Herren hätten ihren verbrauchten Kram auf dem Speicher zurückgelassen, unübersehbares Gerümpel sei angehäuft, es werde Mühe kosten, das etwa noch Verwendbare herauszusondern. Ich beschloß, diesen Raum zu durchforschen, obgleich mir untersagt war, ihn zu betreten. An einem Regentag, als die Mutter eifrig nähte, wartete ich sehnlich, bis der Vater mit seinen Pferden zum Hof hinausklingelte, dann sprang ich die Bodentreppe hinauf, hob mit Kopf und Schultern die schwere Falltür und stand nun im unbekannten Halbdunkel.

Das Alte, Schwüle, Todelnde des Raumes trieb mich zunächst wieder dem Ausgang zu; schon aber gewöhnte sich der Blick, und bewundernd sah ich die schräg über mir zusammengeneigten Dachflächen mit ihrem starken, spinnenumwobenen Gebälk. Von mehreren Ziegeln standen sonderbare graue Zapfen herab, dergleichen ich nie gesehen hatte; ich riß den nächsten los, er fühlte sich an wie Fließpapier und ließ sich zerblättern; aber plötzlich krochen mir kleine Wespen über die Hand, und weithin warf ich das Ding an den Boden. Einen Fensterladen öffnend, sah ich etwas Dunkles niederfallen, suchte danach und erkannte eine tote Fledermaus. Mumienhaft eingetrocknet, aber mit unversehrtem, graubraunem Fellchen schien sie mir nicht unwürdig, einstweilen in einer meiner Rocktaschen verwahrt zu werden; ich zweifelte nicht, daß sie sich eines Tages recht brauchbar zeigen würde.

Markt und Nachbarhäuser nahmen sich beim Schauen durch das Dachbodenfenster wunderlich fremd und verschoben aus; doch war alles zugegen, was ich kannte, dies erhöhte mein Behagen, und emsig begann ich weiterzusuchen.

Ein hoher Schrank, von dem sich der gelbe Lack in Blasen abhob, weckte durch zahlreiche, mit unverständlichen Aufschriften versehene Schubladen meine Begierde; ich zog eine nach der andern heraus und schob sie wieder hinein. Jede barg irgendein scharf duftendes Kraut oder Pulver, womit mir nicht gedient war. Nur einmal kamen durchscheinend blaugrüne Stückchen zum Vorschein, die ich für Edelsteine nahm, so daß ich nur wenige einzustecken wagte; es mag schwefelsaures Kupfer gewesen sein. Ein anderes Fach enthielt gummierte Bogen aus lauter abtrennbaren Etiketten mit gräßlich anzuschauenden Totenköpfen und einem gekreuzten Knochenpaar; solche kannte ich bereits von den Gläsern des väterlichen Giftschranks her und wußte wohl ihre Bedeutung. Ich ließ mir an einem dieser Bogen genügen und wandte mich zu einem Büchergestell, das neben dem Fenster stand. Es war unser eigener Besitz; ich kannte die hohen goldbedruckten Lederrücken schon aus der Königsdorfer Zeit und wollte daran vorüber gehen; aber eine verblaßte lila Seidenmappe, die schief herausragte, hielt mich fest. Aus ihr fiel beim Öffnen ein gelbes Heft, das ich sogleich durchblätterte, und ich vermochte diese Handschrift, die ein wenig der mütterlichen glich, aber doch ganz anders war, mit einiger Mühe zu entziffern; denn Lesen und Schreiben hatte mich die Mutter bereits im fünften Jahre gelehrt. Sämtliche Seiten waren mit Gedichten beschrieben. Langsam buchstabierend löste ich Wort um Wort, Zeile um Zeile, merkte aber mit Enttäuschung, daß die Reime, auf die ich mich gefreut hatte, ausblieben. Vergeblich sagte ich mir die letzten Wörter mehrerer Strophen laut nacheinander herunter; nichts wollte zusammenklingen. Immerhin hielt ich den Fund für bedeutend genug, um ihn zu Fledermaus, Edelsteinen und Totenköpfen in die Tasche zu stopfen.

Endlich trat ich zu einer Kiste, die mit veralteten Instrumenten gefüllt war. Messer, Scheren, schauerlich gekrümmte Zangen, Sägen, Pinzetten und Spatel steckten durch- und ineinander, lauter Sachen, von deren Gebrauch ich schon eine gewisse Vorstellung besaß. Ich beschloß, mich für heute mit einer kleinen

Pinzette zufriedenzugeben, da geriet ich an einen Gegenstand, welcher sich anders anfühlte als alles übrige. Hastig nachtastend, zuckte ich jäh zurück: braune runzlige Finger, leicht gekrümmt und gespreizt, standen zwischen allerlei Geräten hervor, und fast war mir, als hätte ich eine schwache Bewegung daran wahrgenommen.

Alles, auch das Entsetzlichste, wenn es uns begegnet, muß eine Form annehmen, die der unsrigen entspricht; davon hat jeder ein tiefes Wissen, und darum verweilen gute Menschen ohne Furcht in der Welt. Ich war sonst unverängstigt; und wenn ich den Anblick von Leichen auch nicht suchte, so vermied ich ihn doch keineswegs. Festlich erregt und mit einem Schauder, der Tränen hervortrieb, sah ich im Schauhause die geschmückten Verstorbenen zwischen ihren Lichtern liegen und dachte nicht an Verwesung. Daß der unsichtbare, nur immer in Andeutungen sich gefallende Gott hier einmal Ernst gemacht und unmittelbar gewirkt habe, dieser kindliche Sinn beherrschte mich mit seinen stillen Schrecken und ließ kein tierisches Grauen überhandnehmen. Wunderlich getrost ging ich schließlich meiner Wege, und wer mir gleich darauf begegnete, kam mir sehr schön und liebenswürdig vor.

Was ich dagegen jetzt vor mir hatte, war für mich weder Leichnam noch Skelett, erinnerte jedoch an beides. Mit der Furcht wuchs die Neugier, und als ich überzeugt war, daß die Finger sich nicht regten, ergriff ich sie und zog, immer wieder zurückschreckend, aber entschlossen weiterzerrend, einen ganzen schlotterigen Menschenarm samt Schulterblatt und Schlüsselbein hervor. Vom Handgelenk an aufwärts fehlte die Haut; eingetrocknete Wülste und Stränge umhingen die großen Knochen.

Ich trug den schrecklichen Fund ans Fensterlicht und betrachtete ihn von allen Seiten. Dann legte ich ihn in die Kiste zurück, verschloß diese wieder, setzte mich auf den Deckel und verfiel in Gedanken. Auf einmal war ich mir darüber im reinen, daß ich den Arm der Mutter zeigen müsse. Mochte sie mich für meinen

Ungehorsam strafen, – es war immer noch leichter, als die Last eines solchen Geheimnisses zu tragen. Die Mutter, sagte ich mir, ist fast so gescheit wie der Vater; immer liest sie in seinen großen Büchern, sie wird auch wissen, was der Arm bedeutet und was mit ihm geschehen soll. So nahm ich denn das grausige Ding noch einmal aus der Kiste und schleifte es langsam, noch immer sehr nachdenklich gestimmt, über die Treppe hinab in die Wohnung.

Es war die Zeit des Teetrinkens, und eben befand sich die Magd mit Kannen und Tassen auf dem Weg von der Küche nach dem Wohnzimmer. Sie schrie wie ein Tier, wurde kalkweiß und neigte sich, während Geschirr und Löffel niederklirrten, mit weitaufgerissenen Augen an die Wand. Die Mutter, herauseilend, erkannte gleich den Zusammenhang, und ohne sich zunächst um mich zu kümmern, sprang sie der halb Ohnmächtigen bei, führte sie zu einem Sessel, holte Tropfen, gab sie ihr zu reichen und suchte die langsam sich Erholende über den Gegenstand aufzuklären. Sie sagte, der Arm sei ein anatomisches Präparat und habe einem früheren Doktor von Kading gehört, alle Ärzte müßten an solchen Teilen des menschlichen Körpers jahrelang lernen und forschen, um sie später heilen zu können. Die Köchin lachte schließlich selbst über ihren Schreck und bejammerte nur noch die zerbrochenen Tassen, worüber die Mutter sie beruhigte. Zuletzt aber meinte sie doch, es wäre Sünde und könnte Fluch über das Haus bringen, wenn man den Arm, der vielleicht einem guten katholischen Christen gehört habe und mit diesem zur Auferstehung des Fleisches berufen sei, unter altem Gelump verscharrt ließe, statt ihn in geweihter Erde zu begraben, worauf die Mutter versprach, gelegentlich den Pfarrer zu befragen.

Tadel und Strafe fielen gelinder aus, als ich erwartet hatte. Ich mußte unverzüglich die Extremität an ihren bisherigen Ruheort zurücktragen und wurde verurteilt, nach dem eigentlichen Abendsegen noch ein besonderes Gebet für die arme Seele des unbekannten Toten zu verrichten. Am Abend brachte die Mutter ein Buch, darin war ein Arm abgebildet genau wie jener; sie suchte mir zu erklären, was Gelenke, Bänder, Sehnen und Muskeln seien, und trug das Buch wieder fort. Ich aber freute mich des leidlichen Ausgangs und meiner nicht unbeträchtlichen Beute. Die Fledermaus ward in Spiritus gesetzt, blaue Steinchen und Totenkopf-Etiketten gut aufgehoben. Unentbehrlich zeigte sich nach und nach die Pinzette, und auch die Gedichte bereiteten mir an Regentagen Spaß genug. Sie wegzuwerfen, entschloß ich mich nie; noch nach Jahren fand ich sie zwischen Bilderbüchern aufbewahrt. Es waren die Oden und Epoden des alten Jacobus Balde, von einem frühverstorbenen Bruder der Mutter im Versmaß des Originals aus dem Lateinischen übersetzt. Natürlich blieb mir der Sinn der Gesänge verschlossen; aber das Metron klang an, und je weniger ich die Verse verstand, um so besser gefielen sie mir. Sehr ergötzte mich auch die zierliche altmodische Handschrift, und wenn ich allein war, ahmte ich sie nach, was eigentümlich leicht gelang, als wäre die Hand schon dafür vorbereitet gewesen. Durch fortgesetztes Üben brachte ichs zur größten Ähnlichkeit, verhehlte jedoch vor andern die ganze Künstelei und hütete mich, in Schulaufgaben solche Buchstaben zu verwenden. Aber die spielerisch angenommene Schreibart wollte sich später nicht mehr ausmerzen lassen; sie wuchs lebendig mit mir weiter, so daß ich sie an meiner Handschrift heute noch erkenne.

Schule und Schüler

Die Mutter glaubte, man könne nicht früh genug zu lernen beginnen, und schickte mich schon im sechsten Jahr zur Schule, wo ich mich nur langsam eingewöhnte. Der hübsche Schulranzen, mit glattem, grauem Fell überzogen, war wochenlang wirklich das einzige, was mir Vergnügen machte; und auch dieses verdarb ich mir bald, wenn auch in guter Absicht. Als ich mich einmal nicht scheren lassen wollte, äußerte die Mutter, jedes Haar werde erst schön und voll, wenn es tüchtig geschnitten würde, – mir ging ein großes Licht auf, ich holte eine Schere und bearbeitete unbarmherzig das liebe graue Vlies der Schultasche, das ich immer als etwas Lebendiges empfunden hatte; worauf ich mein Werk triumphierend der Mutter zutrug, die sich sehr betrübte, meinen Gründen aber nichts Stichhaltiges, wie mir schien, entgegenzusetzen hatte.

Reines Glück spendeten vorderhand nur die biblischen Geschichten, die groß, wie für alte Leute gedruckt, in einem braunen Bändchen beisammen standen. Auf den beigegebenen einfachen Holzschnitten suchte ich immer zuerst die bösen Menschen heraus, wunderte mich, daß sie nicht anders aussahen als die guten, und suchte diesem Mangel abzuhelfen, indem ich ihnen mit Bleistift schmale Binden über die Augen zeichnete. Geschwind aber verwehte das kindische Treiben, als der vortreffliche Lehrer Bogenstätter von Kading den Unterricht übernahm. Er wußte den uralten Szenen vor dem grauen Grunde der Zeiten die leuchtendste Gegenwart zu geben; die Guten zeigte er in ihrem ganzen unendlichen Glück, die Frevelnden in der ganzen Traurigkeit und Benommenheit ihres einsamen Irrens, so daß ich diese fast so lieb gewann wie jene und mit Beschämung meine Binden wieder abradierte.

Warum wir uns neben den rührenden Begebenheiten der beiden Testamente auch noch andere Dinge einprägen sollten, sah ich lange nicht ein. Einmal hatte ich ein Rechenexempel aus dem Kopf zu lösen, und nach vielem vergeblichen Hin- und Herraten sagte ich dem Lehrer unumwunden, ich brächte es doch nicht heraus, er möge mich lieber die Geschichte vom jungen Tobias und dem Engel erzählen lassen, die wüßte ich ganz genau, worauf ein schreckliches Gelächter losbrach, das wiederum ich nicht begriff.

So ging ich bang und froh, widerstrebend und nachgebend in die neue Ordnung über und fuhr nicht schlimm dabei; nur stand leider über dem Verkehr mit meinen Kameraden kein guter Stern. Einige zwar nahten mir zutraulich; aber gerade die starken, einflußreichen sahen in mir einen Eindringling, der wieder vertrieben oder wenigstens von Grund aus umgekrempelt werden müsse. Besonders ein Tischlerssohn, genannt Reisinger, der mir später noch bedeutsam wurde wie ich ihm, rechnete mir täglich alle Punkte vor, worin ich mich auf beleidigende Weise von den eingeborenen Kadinger Knaben unterschied: Gang, Sprache, Mienen, Kleidung, Namen, – alles an mir erschien ihm und seinem Anhang lächerlich und hassenswert; und so unbefangen nahmen sie den Schein des Rechts in Anspruch, daß ich mich bald selber für schuldig hielt und nur noch danach trachtete, mich ihnen anzugleichen und von ihnen als ebenbürtig erklärt zu werden. Es war das erste Mal, daß ich mich einer lieblos-zudringlichen Beobachtung ausgesetzt fand, was weder Alte noch Junge leicht ertragen; denn während sich das niedrigste Tier als abgeschlossen und vollkommen empfinden darf, spüren wir Menschen das ganze Leben lang, daß wir nur ein Entwurf sind, und einander sehr genau betrachten, heißt schon einander unrecht tun.

Da besonders meine städtische Kleidung Mißfallen erregte, so bestürmte ich Tag um Tag die Mutter, sie solle mich doch auch herumgehen lassen wie die Kadinger, mit Holzschuhen, langen weiten Hosen, grober bunter Joppe, silberner Uhrkette mit Eberzähnen auf roter Samtweste und goldenen Ringelchen in den Ohrläppchen. Sie aber wünschte ihr Kind nach ihrem Geschmack zu kleiden und ließ durchblicken, sie werde schon die Bestrafung meiner Verfolger durchzusetzen wissen, ich solle ihr nur die Namen nennen. Davon wollte ich gar nichts hören; mein Ziel war, Geltung und Ansehen unter den Genossen zu gewinnen, nicht sie geahndet zu wissen, und von nun an bewahrte ich über meine unangenehmen Abenteuer zu Hause Stillschweigen. Reisinger suchte öfters Gelegenheit zum Zweikampf, den ich aber vermied. Zwar galt er trotz langer derber Knochen als kränklich, man nannte ihn nervenleidend; er sah bleichgelb aus und hatte eine eigentümlich unregelmäßige Gesichtsbildung, deren Anblick mich immer sehr bedrückte, so daß ich schon aus Grauen kaum gewagt hätte, mich ernstlich gegen ihn zu stellen. Aber er war auch älter und mehr entwickelt als ich, konnte gut laufen und übertraf an Ungestüm die meisten. Dies wußte er und ließ es bei Spott und Schmähung nicht bewenden. Holte ich Käse vom Krämer, so fand er stets eine raubritterliche Form, Tribut zu erpressen, und nie kam ich mit gefüllter Spiritusflasche an ihm vorüber, ohne daß er, die Kappe raufboldmäßig ins Genick schiebend, mit Erfolg gewettet hätte, er vermöge einen ganzen Mund voll auf einmal zu trinken und werde dabei kein Wasser in die Augen bekommen. »Das wärmt das Herz, das stärkt die Nerven«, sagte er dann wohlwollend, gab mir aber gleich seine Verachtung zu fühlen, wenn ich mich weigerte, es ihm mit einem tüchtigen Schluck nachzutun.

Wenn der Unterricht allzulang dauerte, gerieten meine Muskelgruppen leicht in Unruhe; es zuckte bald hier, bald dort, und dabei entdeckte ich einmal, daß es mir möglich war, mein linkes Daumengelenk in so scharfem Winkel nach innen springen zu lassen, daß es wie luxiert erschien und überall Schauder und Mitleid erweckte. Es gab Schulgenossen, die mich um diese schmerzlose Verrenkungsfähigkeit ungemein beneideten; sie konnten sich nicht satt sehen, obgleich ihnen dabei fast übel wurde, und wollten sie durchaus erlernen; doch gelang sie keinem. Wenn ich mir freilich von dieser ungewöhnlichen Gabe eine Zunahme an Beliebtheit und gutem Ruf erhoffte, so hatte ich mich verrechnet; wahre Freundschaften ließen sich auf solchem Wege nicht erwerben, gruseliges Bewundern war alles, was ich erreichte. Ja, als ich die Wirkung zu steigern trachtete, arbeitete ich nur meinen Hassern in die Hände. Man wird begreifen, daß die Haut über dem mißbrauchten Gelenk sich jedesmal tüchtig mitverkrümmte und -verzog; dadurch kam ich auf den Gedanken, sorgfältig mit Feder und Tinte ein Gesichtlein daraufzuzeichnen. Dieses gelang ohne Schwierigkeit; ich hütete es mütterlich und suchte es bei den morgendlichen Waschungen vor Wasser und Seife zu schützen. Mein Erwarten, daß die gewaltsame Gelenkbewegung sich auf dem kleinen schwarzen Antlitz in Grimassen umsetzen werde, wurde nicht enttäuscht; ja es geschah so vollkommen, daß ein Mitschüler, der es erblickte, während er zum Vorlesen aufgerufen war, vor Lachen beinahe weinen mußte, das Buch fallen ließ und sich eine Bestrafung zuzog, ein Vorkommnis, das dem Reisinger die schönste Gelegenheit bot, mich wieder einmal als ein immer Unglück stiftendes Wesen in Verruf zu bringen.

Solang ich übrigens meinen Feinden Aug in Auge gegenüberstand, war mir keiner von ihnen wirklich widerwärtig; erst in der Einsamkeit begann ich sie zu hassen, und einmal, da sie's überarg getrieben hatten, sprach ich sie samt und sonders des Todes schuldig. Das Urteil vollzog ich noch am gleichen Tag in einem Symbol. Ich trennte für jeden meiner Beleidiger eine von jenen grausigen Gift-Etiketten ab und klebte sie ihm heimlich an die Haustüre, womit für mich die Sache abgetan war; und gewiß hätte ich diesen Streich wie manch andern vergessen, wäre mir nicht viele Jahre später zu Ohren gekommen, daß ich damit leider doch wiederum großes Unheil angerichtet. Eine gute alte Großmutter, da sie ihr Häuschen mit Totenkopf und -bein so gräßlich bezeichnet sah, erblickte darin einen unfreundlichen Wink aus dem Jenseits und nahm sich denselben dermaßen zu

Herzen, daß sie alsbald in Trübsinn verfiel, nicht mehr aß noch trank und nach etlichen Wochen verstarb.

Von so traurigen Folgen ahnte mir damals nichts; nach leicht gestillter Rachsucht stand ich mit dem Herzen wieder im Lager meiner Gegner, suchte mich ihnen immer ähnlicher zu machen und glaubte, daß mein Tag unter ihnen bald kommen werde.

Der Zauberer

Einen Sommer lang bewohnte den Garten beinah täglich ein seltsamer Gast. Wann er zum ersten Male erschien, habe ich nie gewusst, er war einfach zugegen. Der Vater nannte ihn Onkel Georg und behandelte ihn mit grossem Respekt. Bewegte Jahre schienen hinter ihm zu liegen; von bestandenen Abenteuern und errungenen Erfolgen war viel die Rede. Besuchern bot er gelegentlich seine Schnupftabaksdose und erzählte behaglich, ein österreichischer Erzherzog habe sie ihm als Zeichen besonderer Huld und Bewunderung geschenkt. Auf dem Deckel sah ich das Brustbild einer schönen Frau, die, wofern ich mich recht erinnere, nur mit einem schwarzen Halsband bekleidet war. Welcher Art die Leistungen des Alten gewesen, konnte ich mir nicht vorstellen, war auch zunächst nicht neugierig darauf. Ab und zu brachte die Post einen Brief, den ich ihm überreichen durfte; ich ersah aus den Aufschriften, daß er den gleichen Namen hatte wie wir, im übrigen war er bald als Tuchhändler, bald als Rentner, bald als ehemaliger Illusionist aus Passau bezeichnet. Ich erfuhr auch, daß er in genannter Stadt behaust und seine Frau vor kurzem dort gestorben sei. Die Mutter sprach von ihm als einem steinalten, kranken Mann, der schon mit einem Fuß in der Ewigkeit stünde und seines Herzleidens wegen bereits allerlei Kurorte besucht, zuletzt aber den Weg nach Kading gefunden habe. Abgelegenheit und Stille des Fleckens mochten ihn festhalten, mehr noch die Nähe des Neffen, auf dessen Heilkunst er große Stücke hielt.

Zu jener Zeit mußte ich wieder einmal dem Großonkel einen Brief in den Garten bringen, und diesmal stand unter dem Namen: ›Gemeindebevollmächtigter und ehemaliger Zauberkünstler.‹ Von Zauberern hatte schon die Forelle erzählt; nun saß einer mitten unter uns, und der Gedanke, daß er plötzlich seine Kräfte spielen lassen könnte, machte mich schaudern und hoffen.

Ich zog mich in meine Sonnenblumenpflanzung zurück und betrachtete dort ungestört den nun so merkwürdig gewordenen Alten. Meist saß er in einem Lehnstuhl neben der Urne; ein Glas mit gelber Arznei stand vor ihm auf einem Tischchen, in den Händen hielt er oft ein schwarzes Buch, dessen Schnitt in der Sonne glänzte. Er war lang und hager, der nackte Schädel voller Unebenheiten, ein dünner Kranz verfärbter Locken haftete daran. Hinter großen, runden Brillengläsern blickten graue Augen wunderlich langsam hin und her; die Lippen, vom vergilbten Bart umgeben, erschienen so dunkelbläulich wie die von uns Kindern, wenn wir Taubeeren gegessen hatten. Die Füße in schwarzen Halbschuhen waren stets ein wenig geschwollen, so daß die weißen Strümpfe sich darüber spannten. Zuweilen bog er den Kopf zurück und sah mit furchtbar entschlossenem Ausdruck zum Himmel, drückte die Hand an die Brust und atmete kurz und stoßweise. Diese Veränderung war sehr ängstlich anzusehen, doch dauerte sie nie lang; war sie vorbei, so blätterte er wieder, als wäre nichts geschehen, in seinem Buch.

Ich trug meinen blauen silbergesternten Gummiball bei mir, und auf einmal hatte ich ihn aus dem Dickicht auf den Sitzenden zugeworfen. Dabei gedachte ich nicht ihn zu treffen, sondern wünschte nur, ihn auf mich aufmerksam zu machen, und sah mit vergnügtem Grausen das abgeschleuderte Rund vor ihm niederfallen, hoch emporschnellen und, während der Alte zusammenfuhr, im Laubwerk des Zaunes verschwinden. Dann sprang ich lachend hervor in der Erwartung, er werde Spaß verstehen und sich mit mir unterhalten. Aber ein böser Empfang erwartete mich.

»Immer luren im Winkel, pfui, wie eine Spinne«, zischte er gehässig; und als ich weiterlachte, trieb er mich mit einer fürchterlichen Stimme, die man in seinem leidenden Leibe nicht vermutet hätte, zur Arbeit.

»Wie läßt du den Garten verkommen, nachlässiger Wicht! Unkraut wächst, Steine stecken in den Beeten, der Boden wuselt von Ungeziefer, – dort! schau, wie sichs rührt! wie's herauf will! O langweiliger Frater! Vom Sessel fallen will ich, wenn da keine Werre steckt! Grabe! Grabe! Laß sie nicht auskommen!«

Weit vorgereckt wies er mit Hand und Blick auf eine Stelle des nächsten Beetes, und wirklich glaubte ich ein leises Heben und Lockern des Bodens zu bemerken. Ich scharrte mit beiden Händen Erde heraus, fand aber nichts.

»Hast du die Bestie, die verfluchte?«

»Noch nicht, Herr Großonkel«, sagte ich.

»Aber gewiß hast du sie, kleiner Narr! Bist du blind? Jetzt kriecht sie dir über die Hand, über den Arm, in den Hals, in den Mund!«

Er gebärdete sich verzweifelt, während ich nun wirklich am Gaumen eine Bewegung spürte und vor Entsetzen spuckte.

»Komm, laß dir helfen, mein Kind! Öffne den Mund!« befahl er in barmherzigem Ton, sperrte mir die Kiefer auseinander, äugte hinein und sagte: »Aha!« wie ein Zahnarzt, fuhr mit dem Finger über die Zunge hin und hielt mir, gutmütig lachend, eine dicke, zappelnde Maulwurfsgrille vor die Augen, die er sofort mit Verfluchungen zu Boden warf und unter seinem geschwollenen Fuße zertrat.

Diesem rohen Scherz folgten bald einige freundlichere; aber das Gefährliche war nie fern, und wenn er Auflehnung spürte, kam es hervor. Oft befahl er mir, Blumen zu bringen, die er, indem ich sie ihm überreichte, gleichsam in meiner Hand verschwinden ließ, um sie mir nach langem Suchen aus der Tasche zu ziehen; bald verwandelte er weiße chinesische Nelken in rote, bald, wenn er auf mich böse war, bannte er mich fest, so daß ich mitten auf dem Wege keinen Schritt vor- un rückwärts tun konnte. Er stellte sich dann immer, als ob er gar nicht merkte, was vorging, sagte, das sei ein verhexter Garten, hier könne er nicht bleiben, gleich morgen werde er davonreisen. Wenn ich dann wie ein betrunkener Wilder ihn umtanzte und rief: »Nein, Sie dürfen nicht fortreisen! Sie sind ein Zauberer, Sie bleiben bei uns und zaubern alle Tage!« so lächelte er nur. Und wirklich war es für mich ausgemacht, daß nun die Zeit größter Überraschungen angebrochen sei. Das bisher Geschehene nahm ich nur für Scherze und Vorreiter der eigentlichen Wunder, und ich hatte in dieser Hinsicht gewisse Wünsche, die ich vorderhand noch für mich behielt. Ein echter kleiner Mensch, wurde ich schnell undankbar gegen die sanften Schranken, in denen mich das Leben heranführte, und freute mich, sie bald allenthalben durchbrochen zu sehen. Auch fühlte ich mich selber schon in jedem Nerv zum großen Magier berufen und hoffte, bald meine Schulgenossen in Erstaunen zu versetzen.

Einmal, als ich mich wieder nach einem harmlosen Taschenspielerstückchen unbändiger Lustigkeit überließ, befiel den Greis einer seiner schmerzhaften Krampfanfälle, und zwar viel heftiger als sonst. Das Gesicht erblaßte bläulich, winzige Tröpfchen traten auf die Stirn, die Hand fuhr nach dem Herzen. Er bewegte sonderbar den Mund und starrte nach oben. Hatte mich dieser Anblick sonst sehr bedrückt, so verfiel ich nun auf den Gedanken, der Zustand könnte irgendwie mit seinem Zaubertum zusammenhängen und die Einleitung sein zu einer neuen großen Gaukelei. Ich fuhr fort, zu jauchzen und in die Hände zu patschen, und rief: »Herr Großonkel, was haben Sie wieder für ein Zauberstück im Sinn!« Erst als er mich flehentlich zur Ruhe winkte und mit unheimlich schwacher Stimme bat, den Vater zu holen, wurde ich beklommen und lief gehorsam in die Wohnung, gab jedoch meine Hoffnung, daß die Szene lustig enden würde, nicht sogleich auf.

Von diesem Nachmittag an aber verschlimmerte sich das Leiden. Die quälenden Krämpfe, wie sie das Leben in den Körpern auslöst, die es abstoßen will, sie stellten sich immer häufiger ein, Leib und Füße schwollen stärker an, und auch die Sehkraft ließ mit jedem Tage nach. Vom Aufenthalt im Garten war nicht mehr die Rede; unser größtes Zimmer wurde ihm eingeräumt, hier saß er im breiten Lehnstuhl am Fenster, die gelbe Medizin und eine silberne Glocke neben sich auf dem Tischchen, und verseufzte die Zeit. Ich aber trieb mich zwischen Schule, Garten und seiner Anziehung dahin. Mitten in Lauf und Spiel auf dem Platz fiel er mir ein, ich eilte heim, fragte, ob er schon wieder zaubern könne, legte Blumen vor ihn hin, in der Hoffnung auf neue Verwandlungen, und versteckte Medizin und Glocke, um ihn zu erstaunlichen Taten zu reizen. Er aber ließ alles geschehen, und die Blumen vertrockneten. Und doch, je weniger er seine Magie walten ließ, desto fester war ich von ihr überzeugt; all seine Schmerzen, Angstwallungen und Erstickungsnöte, ja sein lauter Jammer, dessen ratloser Zeuge ich manchmal wurde, konnten meine Gläubigkeit nicht erschüttern. Daß Zauberei Sünde war, stand im Katechismus; oft war mir, als läge der Zorn Gottes auf ihm, aber in allem sichtlichen Elend blieb er mir der Gebieter der Mächte, wie ein echter König auch im Unglück ein König bleibt.

Noch einmal schien sich alles zum Guten zu wenden. Die Füße schwollen ab, das Atmen wurde gelinder, das Augenlicht heller, der Kranke konnte wieder in der Wohnung umhergehen und nachts bequem im Bette liegen. Groß war meine Freude; der Vater aber mißtraute der überschnellen Besserung, prüfte den Puls noch öfter als sonst, brachte neuen Sud aus der Arzneikammer und gebot völlige Ruhe, worum sich der Alte nicht viel kümmerte. Die Mutter ging still umher, traf seltsame Vorbereitungen, kaufte Kerzen und verriet uns eines Mittags gegen strenge Verschwiegenheit, daß das Ende nahe sei. Sie war im Traume weiß gekleidet durch ein fremdes Zimmer gegangen und hatte sich in einem Spiegel schwarz gekleidet auf sich selber zukommen sehen. Solche Träume der Mutter waren unfehlbare Todeszeichen, wie sie auch andere Vorkommnisse, besonders Feuersbrünste, häufig voraussah. Doch erfuhr ich dies erst später; mir fehlte damals noch jeder Sinn für üble Vorbedeutungen, ich nahm dergleichen für leere Worte und hielt mich an das augenblickliche Wohlbefinden des Alten.

Nachts war er oft stundenlang wach, und weil ich im Zimmer

neben dem seinigen schlief, so weckten mich nicht selten seine lauten unverständlichen Selbstgespräche. Ich schlich dann zuweilen zu ihm hinein, und bei diesen Zusammenkünften, die wir, ohne Verabredung, vor niemand erwähnten, erwies er sich viel freundlicher und umgänglicher als bei Tag, erlaubte mir auch ein für allemal, du zu ihm zu sagen. Als ich ihm tüchtig zusetzte, doch endlich wieder einmal ein bißchen Zauberei zu treiben, sagte er lachend:

»Du stellst es dir gar zu leicht vor, du Kobold! Um zaubern zu können, wie sichs gehört, dazu brauch ich den Zauberstab. Der aber liegt weit von hier in einer dreifach versperrten Truhe in den Zaubermantel eingewickelt. Nun höre! Wenn du mir gehorchst und drei Tage lang meine Stube nicht betrittst, so will ich dir gern ein paar von meinen Künsten zeigen. Mein treuer flinker Donaugeist, – ich ruf ihn, – warte nur...«

Er unterbrach seine Rede, sah starr in einen Winkel und rief mit langgezogener unterdrückter Stimme: »Amal! Amal! Amal!« Ein kläglicher Ton antwortete vom Ofen her.

»Mache dich bereit!« hauchte Onkel Georg. »Reise durch die Luft! Hole den Stab! Den Stab! Den Stab!«

»Den Stab! Den Stab! Den Stab!« wiederholte seufzend ein Echo vom Ofen, und der Alte nahm sein gewohntes Wesen an, als wäre nichts Außerordentliches geschehen.

Ich sah bald auf ihn, bald in den Ofenwinkel; frierend und schaudernd zog ich mein Hemd eng an mich und drängte mich an das Bett.

»Ich will hoffen, daß er nicht vergißt, mir auch den Mantel mitzubringen, der erhöht meine Kräfte! Mag der Plunder noch einmal zu Ehren kommen, bevor ihn die Schaben fressen und mich die Würmer! Der Teufel weiß, in was für Hände alles fällt, wenn ich tot bin!«

»Wenn du stirbst, schenkst du mir deinen Zauberstab!« sagte ich und schlug bittend die Hände zusammen.

»Möchtest du denn, daß ich bald sterbe?« fragte er schnell.

»Nein!« entgegnete ich. »Aber bald einmal mußt du ja doch sterben, und ich lebe dann noch lange Zeit.«

»Woher weißt du das?«

»Ich bin klein, du aber steinalt. Und in der Ewigkeit brauchst du doch keinen Zauberstab mehr.«

Er sah mich eine Weile mit sonderbarem Ausdruck an; dann stöhnte er und raunte:

»Der Stab allein tut es nicht, man muß auch das Zauberwort wissen.«

Zuletzt gab er mir einen leichten Schlag auf die Wange und sagte:

»Kann sein, du wirst auch einmal ein Zauberer, wills Gott, ein stärkerer als ich! Oder du endest am Galgen, eins von beiden ist dir gewiß. Jetzt aber trolle dich in dein Bett und laß dich drei Tage und drei Nächte nicht bei mir blicken!«

So wartete ich denn geduldig auf das Ungeheure, und als mich der Meister bereits in der dritten statt in der vierten Nacht zu sich entbot, war es mir fast zu früh. Ich sah die Möbel verstellt, und das Zimmer kam mir größer vor als sonst. Er aber stand hinter dem Tisch, auf dem sieben Kerzen brannten und allerlei Flaschen, Becher, Büchsen und Würfel dämmerten und blinkten. Mit rotem, schwarzdurchzeichnetem Mantel und hoher, goldgestickter Scharlachmütze nahm er sich fremd und feierlich aus wie ein Priester. Worauf ich aber vor allem blickte, das war der schwarze Stab, der mich nur mächtiger anzog, weil er so schlicht und unsonderlich aussah. Ein einzelner Stuhl stand in der Zimmermitte; ich erhielt einen wortlosen Wink, mich zu setzen. Eine sehr leise Musik, die wohl von einer verborgenen Spieldose herkam, begann zu tönen. Der Onkel, mir zunickend, erhob wie zum Scherz den Stab, verschob noch einmal seine Sachen und ließ nun, Zug um Zug, aus kleinen Gaukeleinen seine Kunststücke hervorgehen. Mochten sich diese wenig von dem unterscheiden, was in jeder guten Taschenspieler-Vorstellung gezeigt wird, – mich versetzten sie in Taumel, und ich vergaß, daß dies eigentlich doch etwas ganz anderes war als das heimlich immer Erwartete. Wenn ich mich nämlich allein befand und wünschte, daß Wunder geschähen, so dachte ich dabei an jene ernsten, herzerfreuenden, wie sie in den biblischen Geschichten vorkamen, oder an solche, die meinen gerade dringendsten Bedürfnissen entsprochen hätten, keinesfalls an solch bunte, lustig-unverbindliche Hexereien, wie sie jetzt mit betäubender Wirklichkeit vor mir abschwirrten. Murmelnd ging er hin und her und rief dann und wann halblaut ein unverständliches Wort, besonders wenn er mit dem Stab an einen Gegenstand klopfte. Zu mir sprach er selten; einmal befahl er mir, ein neues weißes Taschentuch zu holen. Er faltete es auseinander und tat, als wollte er seine Brille putzen, dabei brachte er es unvorsichtig der Kerze zu nah, es fing Feuer und brannte mit mäßiger Flamme. Ich schrie: »Das Tuch brennt!« Er erschrak, bedeutete mir aber, zu schweigen, warf es zu Boden, zerstampfte den Brand und dachte mit bekümmerter Miene nach. Endlich schien ihm etwas einzufallen; er nahm eine Flasche vom Tisch, öffnete sie, machte mit dem Stab Zeichen darüber und stellte sie bereit. Hierauf sammelte er die fast verkohlten Fetzen, warf sie in einen grünen Becher, preßte sie gewaltsam hinein, wie man eine Pfeife stopft, und beträufelte sie aus der Flasche. Dann hob er den Becher mit einer Hand, während er ihn mit der andern verschloß, schüttelte ihn und murmelte dabei immer wieder ein seltsam klingendes Wort. Und jetzt geschah es! Er stellte den Becher auf den Tisch, beklopfte ihn dreimal mit dem Stab, tauchte sodann Daumen und Zeigefinger ein, zog sehr langsam das Tuch heraus und warf es mir lächelnd zu. Es war so weiß und zusammengelegt, wie ichs ihm gegeben hatte, ich breitete es auseinander, kein Fleckchen war versehrt. Zum Verwundern aber blieb keine Zeit; er wurde nun erst munter, nahte mir mit einem Stückchen Papier und gebot mir, es zu essen. Widerwillig nahm ichs in den Mund und kaute voll Ekel kräftig darauflos. Er aber ließ es mich nicht verschlucken, sondern rief: »Halt!«, berührte mit dem Stab meine Kehle und zerrte hierauf langsam, Ruck auf Ruck, mühselig stöhnend, ein buntes Rohr, das mindestens dreimal so lang war wie ich selber, aus meinem Munde. Anfangs bestürzt, mußte ich bald lachen; es war doch gar zu schön und tat nicht im geringsten weh. Unfaßbar schnell folgte nun eins aus dem andern; er trieb es immer toller und wurde dabei immer jugendlicher. Zuletzt zauberte er aus allen meinen Taschen seidene Blumen hervor: Veilchen, Myrten, Rosen, Mohn, Sträußchen um Sträußchen, einen ganzen Garten. Aber da hörte die verborgene Musik zu spielen auf, und zwei Kerzen, ganz herabgebrannt, verloschen fast auf einmal. Der Greis ächzte, stützte die Arme auf den Tisch und überblickte mit gebeugtem Haupt seine Gerätschaften. Einen Augenblick wars, als nähere sich der Krampf; doch kam es nicht dazu, vor dem würdigen Ornat schien das Feindliche zurückzuweichen. Er blies nun selber die noch brennenden Kerzen bis auf eine aus, goß dann aus einem Fläschchen etwas Wein in ein Glas und befahl mir zu trinken. Nachdem ich genippt hatte, trank er mir zu und leerte das Glas mit einem Zug.

Der ungewohnte Tropfen schoß mir ins Blut; mit größter Ausgelassenheit brachte ich Lust und Bewunderung zum Ausdruck. Plötzlich, überflammend von Gefühl, nicht überlegend, wie leicht ich dadurch die Eltern wecken könnte, warf ich das Glas zu Boden, daß es zersprang. Der Zauberer, zürnend, herrschte mich an: »Was fällt dir ein?« Da hob ich die Trümmer auf, legte sie vor ihn hin, umfaßte seine Kniee und bat ihn, so herzlich ich konnte, er möge sie wieder zusammenzaubern. Ohne die Scherben zu berühren, blickte er mich lange finster an, schließlich sagte er: »Vielleicht ein ander Mal. Heut bin ich zu müde dazu.« Nun bemerkte ich, daß er sehr leidend aussah und wieder alt geworden war, doch blieb er noch immer herrlich genug anzuschauen. Endlich gab er mir die Hand und sagte mild:

»Das war alles nur Spaß, nur ein bißchen Unterhaltung. Das nächste Mal wollen wir wirklich zaubern!«

Am folgenden Tage kam der Großonkel zum gemeinsamen

Mittagessen herüber, was lange nicht geschehen war. Eilig aß ich meinen Teller leer und lief unter einem Vorwand in sein Zimmer. Keins von allen den geheimnisvollen Dingen fehlte. Über der Armlehne des Krankenstuhls hing der Mantel; auch die Flasche mit Wunderwasser, der grüne Becher, das lange Rohr, das er mir aus dem Hals gezogen hatte, die verstreuten Blumen, alles war zugegen, und unansehnlich auf dem Tische lag der Stab. Erst berührte ich ihn vorsichtig mit dem Finger, dann immer dreister, endlich nahm ich ihn, schwang ihn und fühlte mich von unermeßlicher Sehnsucht nach wahren Wundern, Fieber der Nachahmung raste, der Wille, mir die Zauberherrschaft anzumaßen und mich in ihr zu zeigen, wuchs mit der Minute. Tritte verscheuchten mich; ich kehrte an den Tisch zurück, wo schon der Kaffee aufgetragen wurde, und saß puppenstill. Aber etwas in mir arbeitete gewaltsam auf eine Handlung hin, und mitten im Sinnen und Planen überholte mich die Tat. Ein weißer Pappendeckel war zur Hand; mit meinen größten, schönsten Buchstaben schrieb ich darauf: ›Leute von Kading! Kommt alle um fünf Uhr in die Sommerschenke! Ich werde zaubern!‹, setzte meinen Namen darunter und nagelte das Plakat an die Haustüre.

Das Befinden des Alten verschlimmerte sich am Nachmittag; er mußte wieder das Bett aufsuchen. Einmal, für kurze Zeit, kam der Pfarrer; auch der Vater hielt sich viel im Krankenzimmer auf, wo es immer beklemmender nach scharfen Flüssigkeiten roch. Ich kümmerte mich wenig um die Hausbegebenheiten und ging den Leuten aus dem Weg. Die Kunststücke hatten sich in der Nacht so leicht und reizend abgespielt; was war sicherer, als daß sie mir ebenso mühelos gelingen würden, sobald ich Mantel und Stab in meinem Besitz hatte? Die Stunde nahte, ich durfte nicht mehr warten; mit klopfendem Herzen betrat ich, zum Äußersten entschlossen, die halbhelle Stube. Keine von den flüsternden Personen, die vorsichtig aus und ein gingen, gab auf mich acht; der Meister selbst lag in unruhigem Schlummer. Fliegen summten um den violettlichen Mund, auf dem Tisch lag die Brille. Mit zwei Griffen hatte ich Mütze, Stab, Flasche, Becher und einige Leuchter gepackt und rannte mit Diebesschnelligkeit über Flur und Hof in die Schenke, wo die Wirtin allein am Fenster stand und Krüge putzte. Sie fragte, was ich Schönes brächte.

»Freu dich, Frau Wirtin!« rief ich ihr zu. »Große Zaubervorstellung ist um fünf Uhr hier in deiner Schenke! Willst du zusehen? Du wirst Augen machen!«

Sie tat, als fühle sie sich sehr geehrt, erbot sich zur Mithilfe und rückte einen Tisch zurecht, auf dem ich meinen Kram ausbreiten durfte. Ermutigt lief ich noch einmal hinauf und raffte, da der Kranke noch immer schlief, auch den prächtigen Mantel fort und die fehlenden Leuchter, deren volle Zahl zum Gelingen vielleicht notwendig war.

Als ich wieder in die Schenke kam, ging dort ein Mädchen auf und ab, das ich bisher nur vom Sehen und Sagenhören kannte. Sie war noch nicht lang im Ort; ihre Eltern waren Münchener Zirkusbesitzersleute gewesen und früh gestorben, worauf ihre Kadinger Verwandten sie an Kindes Statt angenommen hatten. Die Hände auf dem Rücken verschlungen, betrachtete sie meine Gegenstände. Da sie mich erblickte, musterte sie mich aufmerksam und fragte:

»Bist du vielleicht ein Sohn vom Zauberer?«

Als ich mich selbst als den Zauberer bekannte, entfuhr ihr ein überraschtes Ah!, sie neigte artig den Kopf und sagte: »Ich bin die Eva Veeders und möchte gern die Vorstellung ansehen.«

Leicht war zu erkennen, daß sie aus feinerem und festerem Stoff bestand als die anderen Kadinger Mädchen. Älter und größer als ich, sah sie von der Seite einem Knaben ähnlich; im Gedächtnis lebt sie mir mit einem blassen, leicht errötbaren Gesichte, das nach unten sich ziemlich zuspitzte; die Züge waren nicht wie bei vielen Kindern auseinanderfliehend, sondern zusammenstrebend, die schwarzen Augensterne sehr groß und nur mit einem schmalen blauen Ring umgeben, die Lidränder oft etwas entzündet. Das braune Haar hatte kupferigen Schein; es fiel halblang in

Locken auf Nacken und Schultern. Ein Hauch der noch immer unbekannten Stadt umgab sie; ihr Kleidchen, zwar mehrfach geflickt, war fremd und vornehm geschnitten, auf der Brust lag ein kleines, aus dunkelroten Steinchen zusammengesetztes Kreuz.

Ich stellte die mitgebrachten Leuchter auf den Tisch und breitete den Purpurmantel auseinander.

»Er ist zu weit für dich«, bemerkte das Mädchen, »schlupf einmal hinein!«

Hilflos verschwand ich in der moschusduftenden Pracht und erwartete, von Eva Veeders ausgelacht zu werden; die aber legte sofort Hand an, faltete hier den Stoff, schlug ihn dort ein, heftete ihn mit Stecknadeln, die sie von der Wirtin erbat, und gürtete mir in wenigen Minuten ein leidlich passendes Gewand zurecht. Hierbei plauderte sie viel und erzählte auch von mehreren anderen Zauberern, die sie näher gekannt habe, worauf ich ihr anvertraute, daß ich einen großartigen Wunderstab besäße, durch den ich machen könnte, was ich wollte: so würde ich zum Beispiel von irgendeinem Besucher ein Taschentüchlein borgen, es verbrennen und sodann im grünen Becher wieder neu machen. Bei dieser Eröffnung sah sie mich sonderbar an; solche Leistung schien ihr Erwarten weit zu übertreffen. Mittlerweile stellten sich bereits erste Zuschauer ein, und Eva zog mich in ein Nebenzimmer; sie hielt es nicht für gut, wenn mich die Leute schon vor meinem Auftreten zu sehen bekämen. Mir deuchte sie jetzt mehr in sich gekehrt und nachdenklich; zuweilen stellte sie Fragen, deren Sinn ich nicht recht begriff, schließlich nahm sie die hohe bunte Mütze, verengte und verniederte sie, setzte sie mir auf, prüfte mich mit Beifall und sagte dann sehr herzlich, ein wenig mütterlich:

»Weißt du was? Ich werde dein Diener sein, wenn du zauberst! Alle Zauberkünstler haben Diener bei den Vorstellungen. Die holen ihnen Sachen, die sie gerade brauchen, zünden die Lichter an, halten alles in Ordnung und helfen manchmal selbst ein wenig zaubern.«

Obgleich ich durchaus keine Hilfe für nötig hielt, gefiel mir doch das Angebot; ich nahm es fröhlich hin. Klar standen die Szenen der Nacht vor mir; inbrünstig schwang ich den Stab und lugte dabei durch ein Schiebfensterchen in die Schenke. Dreißig Zuschauer mochten sich versammelt haben, darunter ein paar Frauen, größtenteils aber Kinder. Sie saßen auf den langen Tischen und ließen die Beine herunterbaumeln; einzelne hatten sich der wenigen vorhandenen Stühle bemächtigt. Manche ließen sich ein Glas Bier geben, worüber sich die Wirtin freute, die ihrerseits nicht verfehlte, mich ihren Gästen als einen Ausbund von Klugheit vorzurühmen. Die meisten machten ernste Gesichter; wenige wisperten und kicherten.

Eva ging hinaus, ließ sich von der Wirtin Kerzen geben, besteckte die leeren Leuchter und entzündete die sieben Flammen. Es wurde still; ein kleines Mädchen brach beim Anblick der Lichter in hellen Jubel aus. Ich hörte es beglückt und wollte vor Ungeduld zerspringen; es hielt mich nicht länger, mit mühsam bezähmten Schritten trat ich aus der Kammer hervor an den Tisch. Jemand lachte, vielleicht ein Schulkamerad, den mein geborgter Staat befremdete, ich tat nicht dergleichen, – das Lachen wird dir bald vergehen, dachte ich. Murmelnd ging ich auf und nieder, machte winkende beschwörerische Zeichen, beklopfte die Gläser, den Becher und, damit ja nichts fehle, auch die Leuchter mit dem Stabe, den ich dann wieder nach Art eines Kapellmeisters leise schwang. Und schon teilte sich den Gästen meine Sicherheit mit; Große wie Kleine saßen schweigend, mit offenen Mündern, der Wand entlang, und als ich ein Taschentuch verlangte, wurde mir gleich ein Dutzend entgegengereicht. Ich nahm das Tüchlein eines Mitschülers und breitete es auseinander; es war ganz neu, ein blutrotes Linnen mit aufgedrucktem ovalem Bild, wo grasgrüne Rennbuben auf hellbraunen Gäulen über Hindernisse setzten. Ohne mich sehr zu beeilen, zog ichs über den Zauberstab und brachte es dabei der nächsten Flamme nah. Es wollte nicht sogleich Feuer fangen; endlich brannte der

Saum, alle schrieen: »O weh, das Tüchel!« Den Meister nachahmend, stellte ich mich erschrocken und gebot den Rufern Stille, indem ich bedeutsam den Finger an die Lippen legte. Erst als das Feuer über die Mitte hinausgefressen hatte, ließ ich, an der Hand schon Hitze spürend, das Tuch auf den Steinboden fallen und zertrat die Glut, wobei ich passend fand, dem Eigentümer, der sich beunruhigt zeigte, getrost und verheißungsvoll zuzulächeln. Jetzt nahm ich den grünen Becher, bewies, daß er leer war, indem ich wie der Großonkel mit dem Stab darin darumfuhr, und stellte ihn wieder an seinen Platz. Nun aber konnte sich der gute Junge nicht länger beschwichtigen, stand auf, trat vor und fragte, was mit seinem Tüchelchen geschehe, er habe es erst jüngst zum Namenstag bekommen. Streng befahl ich Schweigen, der Zauber werde sonst nicht gelingen. Von nun an verharrten alle stumm in atemloser Neugier. Ich sammelte mit Evas Hilfe die Brandfetzen, warf sie flüsternd in den Becher, knetete sie tüchtig zusammen und träufelte aus der Flasche Wasser darauf. Dann schüttelte ich mit aller Kraft und bepochte den Becher abermals mit dem verwandelnden Stabe. Der Augenblick war da; ich wandte mich zu den Anwesenden, deren Gesichter vor Spannung fast verzerrt aussahen, erhob den Becher, griff hinein und fühlte noch immer das nasse Tuch. Mein Schrecken war groß, jedoch mein Glaube nicht erschüttert; vielmehr fürchtete ich, etwas Wichtiges ausgelassen oder nicht mit genügender Kraft an den Becher geklopft zu haben. Die Leute wurden unruhig. »Es ist Schwindel!« zischte eine Stimme, eine andere begütigte: »Laßt ihn doch machen!« Eine Frau lachte: »Was nicht Kindern alles einfällt!« Ich aber gab mich nicht verloren, sondern griff noch einmal zur Flasche, schüttete Wasser auf den verkohlten Leinenrest, bis er schwamm, und schlug auf das Gefäß los, als wäre meine Aufgabe, es zu zertrümmern.

Auf einmal, mitten im fiebrigen Mühen, überfiel mich die schrecklichste Erkenntnis. Vergeblich war alles, verpfuscht von Anbeginn, der Fehler stand kraß vor Augen und war nicht gutzumachen. »Der Stab allein tut es nicht, man muß auch das Zauberwort wissen«, – hatte nicht Onkel Georg einmal in der Nacht so gesagt? Das Wort, das er selbst bei den Verwandlungen gemurmelt hatte, das Wort, das alles entschied, alles vollendete –: ich wußte es nicht. Wütend preßte und kniff ich das glatte schwarze Holz, das jetzt, wo ich seiner Wirkung bedurfte, kein Lebenszeichen gab. Endlich dachte ich an Gott, und während sich die Hände hoffnungslos abquälten, umstürmte ich ihn heimlich mit dem zudringlichsten Gebet. Auf einmal trat Eva Veeders heran und sagte laut und einfach:

»Das ist ein sehr schweres Zauberstück, eins der schwersten. Die wenigsten Zaubermeister bringen es zusammen. Du mußt einen Augenblick ausruhen. Ich will dich ablösen. Ich habe schon einmal einem großen Zauberer gedient. Laß mir den Becher und den Stab!«

Ich raunte ihr zu, daß ich zum Onkel hinauflaufen und ihn um das Zauberwort fragen wollte; sie aber flüsterte: »Bleibe hier!« Und nun begann sie mit meinem Zeug so wunderlich zu hantieren, daß alle wieder neugierig wurden. Den Becher faßte sie vorsichtig an, als ob er heiß wäre, und tippte mit dem Stab nur leise an den Rand. Bald setzte sie ihn auf den Tisch, bald trug sie ihn schwingend hin und her. Endlich blickte sie zweifelnd hinein:

»Es braucht nicht mehr viel, – es gelingt! Es gelingt!« rief sie voll Entzücken, »das Tuch wird verwandelt – es ist schon kein Tuch mehr – es glänzt – es kann zu einem Stern werden oder zu einem schönen kostbaren Ring...«

Die Kinder, die heraneilten, um die Herrlichkeit im Becher zu beschauen, scheuchte sie mit verbietendem »Noch nicht!« auf ihre Plätze; starr, wie eine Lesende, sah sie sekundenlang auf den Grund, gebannt saßen die Gäste, – nun tauchte sie langsam, zaghaft, als fürchte sie noch immer ein Mißlingen, zwei Finger ein und hob, ganz blaß vor Freude, einen goldhaft glänzenden Ring heraus, an dem rote und grüne Edelsteine kostbar blitzten.

Alsdann verneigte sie sich, man wußte nicht recht, vor wem, und überreichte dem verdutzten und geschmeichelten Knaben das Kleinod mit der Bemerkung, dafür könne er sich, wenn er möchte, wohl sieben neue Tücher einhandeln, fügte auch bei, er habe solch Glück nur mir zu verdanken, alles sei mein Werk, und sie selber habe fast gar nichts mehr zu machen gebraucht. Der Junge suchte sich den gleißenden Reif sofort an den Finger zu streifen, indessen ich, verblüfft über diesen Ausgang, bald auf den Ring, bald auf Eva blickte, – da wurde die Tür aufgerissen: laut weinend fuhr unsere Magd auf mich zu, packte mich bei der Hand und schrie: »Du sollst kommen! Schnell! Der Herr Onkel stirbt! Er will von dir Abschied nehmen!« Gerade ging auch der Pfarrer, das verhüllte Sanktissimum tragend, von einem klingenden Knaben gefolgt, durch Wind und Laubgewirbel dem Hause zu. In die Knie sanken Mütter und Kinder, und während sich rings Häupter neigten und Hände an Brüste klopften, riß mich das Mädchen schluchzend, als gälte es ihrem eigenen Vater, dem Priester nach in die Wohnung. Indessen dieser seines Amtes waltete, stand ich, mir selbst überlassen, auf dem Gang. Daß der Scheidende nach mir verlangt hatte, erregte mich ungeheuer; ich vermutete, daß er mir noch die starken allwirkenden Zauberformeln anvertrauen wollte, zugleich schauderte mir vor seinem Sterben. Als man mich endlich hineinließ, war es damit schon vorüber; man gebot mir, die Hände zu falten, reichte mir später ein Büschelchen aus Buchszweigen, damit ich es in geweihtes Wasser tauche und den Leichnam damit besprenge, und verwies mich sodann in die Wohnstube. Frierend und mit heißen Ohren saß ich dort herum, verdüstert, böse. Der Knabe, den der Anblick Verstorbener sonst so feierlich und liebreich stimmte, fand, vom Geiste des Toten besessen, keinen frommen Gedanken, keine Träne. Daß die großen, magischen Worte, die dieser gewußt hatte, für immer verloren seien, war mein einziges Denken. Ich bat die Magd, Eva zu suchen und zu mir zu schicken. Sie fand aber die Schenke bereits von Gästen verlassen und brachte nur die Zaubersachen zurück, welche die Wirtin unterdessen in Verwahrung genommen hatte. Sofort untersuchte ich den Becher. Er war leer; nur winzige Restchen verkohlter Leinwand hafteten am Boden.

Der Tod des Zauberers, wer durfte erwarten, daß mir dieses traurige Ereignis zu dem Ansehen verhelfen würde, das mir die Kadinger Schulgenossen nicht zuerkennen mochten? Noch immer nannten sie mich ja den ›Ausländer‹, weil ich nicht in Niederbayern geboren, sondern aus Oberbayern eingewandert war; noch immer tadelten sie meine kurzen Hosen und die breiten, gestärkten Kragen, die meine Mutter für schön hielt. Einer hatte sogar entdeckt, daß ich nicht, wie sichs in Kading von selbst verstand, ›Muadda‹, sondern ›Mama‹ zu ihr sagte, und stellte mich deshalb vor versammelter Schülerschaft zur Rede. Ach, und ich leugnete, leugnete nicht nur, wie der heilige Petrus, dreimal, sondern weit öfter und weinte nicht einmal bitterlich über diesen Verrat.

Zunächst waren übrigens die Folgen meiner mißglückten Zauberei in Ordnung zu bringen. Die Mutter des Buben, dessen schönes Taschentuch in verkohlte Fetzen verwandelt war, eine arme Taglöhnersfrau, die mich für reich hielt, bat freundlich um Bezahlung, während ich auf dem Marktplatz mit Schussern spielte, und lächelte traurig, als ich auf den unermeßlichen Wert von Evas rubingeschmücktem Ringlein hinwies. Ein guter Zufall führte den Vater vorbei, der den Handel sogleich auf seine großmütige Art regelte.

Von dieser Sorge befreit, empfing ich die erstaunliche Nachricht. Der Herr Hauptlehrer Bogenstätter, der Herr Pfarrer Leonhard und die Mutter hatten vereinbart, daß ich dem Trauerzug das Kreuz mit dem Totenkranz vorantragen durfte. Solch ein Dienst war ein Ehrendienst; niemand konnte ihn herabwürdigen, und der eine Glücksfall zog sogleich einen anderen nach sich. Die Mutter, die sparsame, selbst war es, die in ihrer weichen

Stimmung sich bedachte, daß ich in meinem abgetragenen Höschen und Röckchen, denen ich schon sichtlich entwuchs, unmöglich dem feierlichen Kondukt vorausschreiten konnte, daß vielmehr die Beschaffung eines festlich schwarzen Anzugs fällig war, und natürlich kamen keine anderen Hosen in Betracht als jene langen, wie alle Kadinger Buben sie anhatten. Ein entsprechender Hut, ein biederer Hemdkragen mit schwarzer Binde und ein Trauerflor um den linken Ärmel waren nun ebenfalls nicht mehr zu umgehen, und sie eilte gleich selbst mit mir zum Schneidermeister Zettl, um mir das Maß nehmen zu lassen. Sehr befriedigt erzählte Eva am folgenden Tag, in Herrn Zettls Geschäft wären zwei Fenster die halbe Nacht erleuchtet gewesen, so lang hätte er mit seinen Gehilfen für mich arbeiten müssen. Die Mutter aber erwog *alles* in ihrem Geist; sie dachte sogar daran, daß der Beisetzung das Totenamt in der Kirche folgte, und zu diesem gehörte der Opfergang um den Hochaltar, für den sie mir gleich die nötigen Münzen in die Westentasche steckte.

Es war eine besondere Auszeichnung für den Verstorbenen, daß der Sarg mit dem langen Trauerzug samt Pfarrer, Hilfsgeistlichen und Kirchenchor den Marktplatz ein zweites Mal umwandeln mußte, bevor er in den Friedhof einbog. So bewegte sich sein größter Teil an mir als dem an der Spitze Gehenden vorbei, und ich versuchte zu ihm hinüberzuschielen. Aber Glockenläuten, Gesang und das Weinen der Mutter, das ich auf einmal bemerkte, ergriffen mich so heftig, daß ich laut schluchzte, und ich mußte mir gewaltsam die hohe Bedeutung meines Ehrenamtes vor Augen halten, um die schmerzlichen Schwingungen des Gemütes zu dämpfen. Dem bloßen Willen gelang dies aber nicht; es war das gebieterische Vorbild der Frau Dangl, der Leichenfrau, die auch Seelennonne genannt wurde, das mich heilsam ernüchterte. Sie trug eine Brille und litt an Asthma, nahm es jedoch mit ihrer Aufgabe sehr genau und war vielleicht die wichtigste Person des Tages; man konnte sagen: sie kommandierte das ganze Begängnis. Wie ein Schäferhund umkreiste sie die leidtragende Herde, trieb die Nachzügler heran, und wenn in einer Frauengruppe der Gebetseifer merklich nachließ, mahnte sie kurzatmig aber laut und in rauhem Baß: »Besser beten die Weiberleut, besser beten!« Mich behielt sie zärtlich streng im Auge, und wenn ich von der geraden Linie abwich oder an den Ecken des Marktplatzes nicht rechtzeitig einschwenkte, packte sie mich an beiden Schultern und schob mich in die gehörige Richtung.

Im Friedhof sammelte sich groß und klein um das offene Grab. Frau Dangl nahm das Kreuz aus meiner Hand und steckte es an der Stelle, wo später ein Grabstein gesetzt werden sollte, mitten in die aufgeworfenen Erdschollen. Ich verfolgte mit unklaren Empfindungen das Niederlegen der Kränze, den leisen um ewige Ruhe bittenden Gesang und das Versenken des Sarges; mir war, als müßte nun gleich etwas Außerordentliches geschehen. Schon vorher aber hatte der Herr Pfarrer den Lebenslauf des Großonkels beschrieben, seine Rechtschaffenheit und Christlichkeit gerühmt, aber mit keinem Wort seine Zauberkunst erwähnt, da konnte sich kaum etwas Wunderbares ereignen. Sehr störte mich auch das ungebührliche Benehmen einer fremden städtisch gekleideten Frau, die ihren Schleier zurückschlug und den schwarzen blanken Marmor eines Grabsteins als Spiegel gebrauchte, sich den Hut zurechtrückte und ihr eigenes Gesicht mit allzu deutlichem Wohlgefallen betrachtete. Am Schluß des Requiems überreichte Frau Dangl noch jedem ein Sterbebildchen; darauf war ein gekreuzigter Heiland zu sehen, darunter stand gedruckt ›Mein Jesus, Barmherzigkeit!‹ und in Klammern: ›hundert Tage Ablaß‹.

Weil Samstag war, fiel die Nachmittagsschule aus, und nach dem Essen legte ich gern den heiklen schwarzen Anzug ab, um wieder in die graue Alltagskluft zu schlüpfen, die ich nicht zu schonen brauchte. Eva kam und beredete mich, mit ihr zu dem Meindl-Bauern zu gehen, in dessen Hof an diesem Tag die Dreschmaschine tätig war, die damals noch mit Dampf betrieben wurde. Sie wußte den Anschein zu erwecken, als käme sie in Frau

Meindls Auftrag und beteuerte, wir wären zum Helfen dringend benötigt. Daß bei solchen Gelegenheiten jeder, der mit Hand anlegte, freigebig mit Schweinebraten und Kartoffelsalat bewirtet wurde, das wußte ganz Kading, das brauchte sie nicht zu erwähnen. Als wir aber beim Meindl-Bauern eintrafen, fuhr eben die Dampfmaschine zum Hof hinaus. Der Drusch war beendet, die Mahlzeit versäumt.

Eva hatte ein Kind aus ihrem Hause mitgebracht, das sie an diesem Tag behüten mußte, weil seine Mutter nach Landau gefahren war. Das kleine Mariele war sehr blaß, hatte geschwollene Halsdrüsen, hielt immer den Mund offen und wickelte beide Händchen frierend in die Schürze. Am Eingang zum Meindlhof trafen wir auch den Ludwig Seidel, der sich noch kätzchenhaft die Lippen leckte; er hatte den Maschinisten geholfen und beim Braten mitgeschmaust. Eva, die gewiß noch hungrig war, schlug vor, den Nachmittag auf der Malzdarre des Gasthofs zur Post zu verbringen; einen wärmeren Aufenthalt gäbe es nicht in Kading, und der Herr Bräumeister Dresely würde uns nicht hinausjagen, wohl auch ein Auge zudrücken, wenn wir uns hie und da eine Handvoll Malz nähmen. Da verlieh der Ludwig seinem gutmütigen Gesicht einen strengen Ausdruck und nannte die Malzentwendung einen gemeinen Diebstahl, ging aber doch mit.

Herr Dresely war wirklich so, wie ihn Eva schilderte: er ließ uns auf den Getreidesäcken sitzen, und als wir ihn, von Ludwigs harter Auffassung eingeschüchtert, im Demutston um etwas Malz baten, füllte er bereitwillig unsere hingestreckten Hände. Wenn er gerade in unserer Nähe zu tun hatte, hörte er auch mit unmerklichem Schmunzeln zu, wie wir uns das Jenseits vorstellten, denn um dieses drehte sich die Unterhaltung des Nachmittags, die beinah in Streit ausgeartet wäre, weil sich der Ludwig so unglaublich schlecht benahm. Sein Vater, der alte Trinker, hatte ihm eingeredet, es gäbe gar kein Jenseits, und mit dem Tode wäre alles vorbei. Dagegen verfochten Eva und ich mit Erbitterung unseren Glauben an Himmel und Hölle und Fegefeuer, worauf der Ludwig einlenkend erklärte, seine Mutter spräche genau so wie wir, und an den Himmel hätte sogar sein Vater schon manchmal geglaubt. Er beteiligte sich auch weiterhin lebhaft an unseren Reden. Da sich keines von uns würdig fühlte, gleich nach dem Erlöschen in die ewige Herrlichkeit einzugehen, aber auch keins für die Hölle sich bös genug vorkam, so kreisten unsere Vermutungen zunächst nur um das Fegefeuer, wo jeder seine läßlichen Sünden abbüßen mußte, der Anschauung Gottes beraubt. Nach der Versicherung des Herrn Pfarrers war dieses Ausgeschlossensein vom ewigen Licht die härteste der Strafen; mich aber ängstigte doch mehr das Feuer, das furchtbar weh tat, wenn man nur ein brennendes Zündholz an den Finger hielt. Eva jedoch meinte, wenn hin und wieder jemand eine Messe für einen lesen ließe, so würde das den Schmerz lindern, und er wäre nicht schlimmer als etwa Brennesseln. Die Phantasie der Freundin belebte sich aber erst so recht, wenn sie ganz allgemein von der Ewigkeit redete; diese war dann in ihrer Vorstellung kein Raum für persönliche Bestrafungen mehr, behielt aber dennoch den Charakter des Grauenvollen.

»Mit der Ewigkeit, o da kenn ich mich aus«, sagte sie. »Sobald man zu schnaufen aufhört, fängt es im Ohr zu summen an, so ungefähr wie die Dreschmaschine summt oder ein unsichtbarer Bienenschwarm.« Sie erhob sich von ihrem Getreidesack und machte das wellenhafte Auf und Ab des Tons mit Gaumen, Zunge und Lippen sehr überzeugend nach, indem sie mit beiden Händen ganz leise den Takt andeutete. Das Geisterhafte ihres Wesens kam zum Vorschein; sogar der Herr Dresely schien davon angetan, und der Ludwig Seidel verstummte völlig. Die dunklen Augen des kleinen Mariele aber, das noch immer seine Händchen mit der Schürze umwickelt hielt, wurden immer weiter. »Irgendwo«, fuhr Eva fort, indem sie ihren Platz auf dem Getreidesack wieder einnahm, »irgendwo ist eine Uhr, so groß wie die halbe Welt, die darf niemand aufziehen als der liebe Gott, und das tut er nur alle paar Millionen Jahre. Sehen kann man sie natürlich nicht; aber wie der Sekundenzeiger geht, so hört man ins Gesumm hinein unaufhörlich zwei Worte: Immer – nimmer – immer – nimmer – immer – nimmer – das geht Millionen Jahre so fort...« Evas mimische Begabung war außerordentlich, ihr Gesicht mit den schönen sinnenden Augen verriet keine seelische Erregtheit, während sie langsam und beinah tonlos die Ewigkeit erklärte; aber gerade weil sie selbst unbeteiligt aussah, lief es den andern kalt über den Rücken. Sie hatte auch ihren besonders hübschen Tag, einen von jenen, wo der Vater sagte, sie gliche einem Edelknaben, und an ihrem neuen schwarz-wollenen Jäckchen blitzten silberne Knöpfe, – o wie traurig würde ohne sie das Kadinger Leben werden, nun, wo der Zauberer unter der Erde lag!

Der Ludwig hielt es nicht mehr aus. »Ich glaubs jetzt selber, daß es was gibt«, sagte er und ging erregt hin und her. Dem nervenschwachen Mariele aber wurde das ›immer – nimmer – immer – nimmer‹ zuviel; sie weinte, und die Tränen rannen ihm in den stets offenen Mund hinein. Da wars, als erwachte Eva aus Träumen und erschräke über sich selbst. Sie lächelte verwirrt, nahm alles gleichsam zurück, redete das Herkömmliche von Blumen, Wolken, Sternen und Engeln, wischte dem Kinde die Tränen fort, küßte und streichelte es, bis es wieder lachte.

Es war Ende Oktober; der Mesner läutete früh zum Angelus domini, und dies war das Zeichen zur Heimkehr, das niemals überhört werden durfte. Die Mutter war an diesem Tag von ungewohnter Milde und vergaß sogar zu fragen, wo ich den Nachmittag verbracht hätte; in ihrer Nähe wurden all die bangen Jenseitsphantome zu blassen Bildern, die sich in Nebel auflösten. Sie war zum Anerkennen aufgelegt, sagte, ich hätte das Kreuz recht schön getragen, mich überhaupt recht anständig benommen, und wie jedesmal, wenn sie mit mir zufrieden war, fühlte ich mich mit Diesseits und Jenseits vollkommen im Einklang.

Der Vater war im Trauerzug nicht mitgegangen; er hatte einen mühsamen Tag gehabt und in entlegenen Dörfern etlichen Kindern zum Licht der Welt verholfen. Im Gespräch bei der Lampe aber verjüngte er sich und erzählte von seiner Knabenzeit, wo der Onkel Georg noch auf der Höhe seines Könnens gestanden und in allen großen Orten des Rottals und Österreichs öffentliche Vorstellungen gegeben hatte. Von einem sonderbaren Ereignis war damals bis nach Passau hinein die Rede gewesen, und der Vater gab zu, er selbst wüßte bis heute noch keine ausreichende Erklärung dafür.

Dem Zauberer war eines Abends in der Nähe von Griesbach an seinem Wagen ein Rad gebrochen, so daß er in dem Ort übernachten mußte. Vor dem Schlafengehen bestellte er sich bei der Magd heißes Wasser zum Rasieren auf sieben Uhr früh. Das Mädchen vergaß jedoch den Auftrag; er wartete vergeblich und ging mißmutig in der Stube auf und ab. Als er am offenen Fenster stehen blieb, sah er die Vergeßliche von der anderen Seite des Marktplatzes her gemächlich, mit einem Körbchen in der Hand, auf den Gasthof zugehen. Sie beeilte sich nicht, plauderte mit einer Frau, die ihr begegnete, und ging dann langsam weiter. Einem Briefträger, den sein Dienstweg über den Marktplatz führte, fiel aber auf, daß die Magd sich recht wunderlich zu benehmen anfing. Sie betrachtete ihre Füße, blickte ängstlich auf dem Pflaster herum und krempelte sich mit der freien Hand den Rock ein wenig auf. Der Briefträger hatte keine Zeit, ihr weiterhin Aufmerksamkeit zu schenken; aber andere Leute bemerkten, wie sie mit weiten Schritten, gleich einer, die durch Wasser geht, ihren Weg fortsetzte, dann wieder stehen blieb, den Korb weit von sich abhielt und mit der anderen Hand ihren Rock noch höher schürzte. Sie achtete jetzt auf niemand mehr, schien auch keinen zu verstehen, der sie ansprach; ihr Gesicht war von Furcht entstellt. Auf einmal entfiel ihr der Korb; sie bekreuzte sich, schlug Rock und Unterrock über den Kopf und rannte mit weiten Sprüngen in den offenen Flur der Gastwirtschaft hinein, mit Verwunderung betrachtet von den Bauern, die schon früh, eines Viehmarkts wegen, bei Salzbrezen und Bier beisammensaßen. Das arme Mädchen stotterte unklares Zeug hervor von

Überschwemmung und Ertrinkenmüssen, und da sie so verstört aussah, hielten die Gäste sie für krank und luden sie zum Trinken ein. Dabei verging die Täuschung; doch lächelte die Ernüchterte noch lange verständnislos den Buben an, der ihr den weggeworfenen Korb mit Zwiebeln und Grünzeug hereinbrachte.

Die Mutter verhehlte nicht ihr Mißfallen an dieser Geschichte, die der Vater nur ihrer Seltenheit wegen zum besten gab, ohne sie zu beurteilen. Er sagte, der Onkel selbst hätte sie ihm später mit sichtlicher Befriedigung erzählt, und übrigens wäre sie bald von Mund zu Mund gegangen. Ob sie wortwörtlich wahr oder sonst irgendwie bedenklich wäre, darüber mache er sich keine Gedanken, sie passe jedenfalls vortrefflich in Onkel Georgs Charakterbild. Die Mutter aber gebrauchte ein Fremdwort; vermutlich sprach sie von Suggestion oder dergleichen; sie begriff nur nicht, wie der Zauberer das Mädchen habe beeinflussen können, ohne Aug in Auge mit ihr zu sprechen. Jedenfalls, meinte sie, wärs eben leider doch eine Sünde gewesen, und vor drei- oder vierhundert Jahren würde man den guten Onkel Georg vielleicht als einen Erzhexenmeister öffentlich verbrannt haben. Nun freilich habe ihm der liebe Gott als eine Art Fegefeuer Wassersucht und Atemnot geschickt, um ihm die Sündenstrafen in der andern Welt zu ersparen.

Mich konnte diese Deutung nicht beruhigen; es wäre gar zu traurig gewesen, wenn der herrliche Magier noch im Jenseits hätte leiden müssen, wo doch der Magd nichts Ernsthaftes geschehen war, – weshalb hatte sie ihm auch das heiße Wasser zum Rasieren nicht gebracht? Als ich schon im Bette lag, beschloß ich noch ein übriges für ihn zu tun, stand auf und kehrte ins Wohnzimmer zurück. Die Mutter fand es löblich, daß ich noch einmal zu lesen begehrte, was gedruckt auf dem Sterbebildchen stand. Wieder in mein Bett geschlüpft, sagte ich die fromme Anrufung so oft und so schnell nacheinander vor mich hin, daß dem Verstorbenen unzählige Tage und Jahre Ablaß zukommen mußten; dabei schlief ich ein.

Die Beichte

INMITTEN MEINES TREIBENS WAR ES GEWISS ZUM HEIL, DASS NUN DIE VORBEREITUNGEN ZUR ERSTEN BEICHTE BEGANNEN; DURCH KEIN ANDERES EREIGNIS KONNTEN DIE WAHNHAFT GERICHTETEN SEELENKRÄFTE BESSER GESAMMELT UND UMGEORDNET WERDEN. ANFANGS FREILICH suchte ich der Sache zu entkommen, indem ich behauptete, ich könne mich durchaus an keine Sünde erinnern, wüßte auch bestimmt, daß der liebe Gott mir alle längst verziehen habe; bald aber, aufgeschreckt von mütterlichen und priesterlichen Zurufen, verfiel ich ins Gegenteil, zumal da mir die Mutter mein Gewissen erforschen half. Unbewußt verfeinerte ich nun den Blick und erkannte betrübliche Flecken, wo sich bisher ein helles Feld vergnüglicher Vergangenheit ausgebreitet hatte. Dämonisch rettend aber trat im Nu der eingeborene Spielgeist hinter die scheinfromme Grübelei, und als ich ein hübsches Notizbuch erhielt mit der Empfehlung, meine Fehltritte zu klarer Übersicht einzuschreiben, da freute mich sehr bald das Bekritzeln der weißen Blättchen. Immer emsiger suchte ich nach begangenen Freveln und verzeichnete jeden Fund mit der Genugtuung des Sammlers, der Insekten fängt und aufspießt. Ich bediente mich dabei meiner geheimen Schrift und malte mancherlei Sternchen und Blümchen vignettenartig zwischen die sauber numerierten Einträge.

Nun ist es mit Gewissenserforschung und Bekenntnis nicht abgetan; was die Kirche vor allem fordert, ist die Reue. Schmerz über die begangenen Sünden muß die Seele ergreifen; die Beichte wird sonst nichtig und ihr Segen zum Fluch. Damit ich mich ungestört meiner Bekehrung widmen konnte, wurde ich täglich eine Nachmittagsstunde lang in ein Kämmerchen eingesperrt, das auf den Hof hinaus lag, und niemand war erlaubt, das Beichtkind zu stören. Von Andacht, von Erhebung des Herzens hatte ich Ahnungen: sie kamen ungewollt bei Spiel und Arbeit, beim

Kirchen-Chorgesang, beim Anschauen der Toten, oder wenn ich im Sturm über ein Feld lief, dann plötzlich still stand und das Rauschen meines Blutes noch stärker hörte als das Flattern der Luft. Gerade jetzt aber, wo mein ganzes Heil davon abhing, wollten sich nie die Gedanken auf den Unsichtbaren einigen. Ich sah den Schornsteinfeger aus einem Rauchfang steigen, ließ mich mit Spinnen und Fliegen ein, und je mehr ich mich zu frommer Stimmung verpflichtet fühlte, desto närrischeres Zeug lief mir durch den Sinn, das Gebet zerfiel auf den Lippen. Seele ist weithin verteilbar, aber je weiter verteilt, um so mehr gebunden; sie müßte sich erst zum Kristall zusammenziehen, wenn sie sich ohne Rest lösen sollte.

Aber auch hier war das Rettende nicht weit. In einem Fach fand ich ein altes Album; darin lag das Bild eines jungen Mädchens von so wunderbarer Schönheit, daß ich erschrak. Ich hatte einmal von einem Königssohn gelesen, der beim Anblick eines Frauenbildes vor Liebe wie tot niederstürzte, und kein Wort jenes Märchens schien mir von nun an zuviel gesagt. Was alle andern Gesichter nur versprachen, in diesem war es erfüllt. Jeden Tag beschaute ich die Photographie, und nur tiefer wirkte der Zauber, als ich vernahm, das Mädchen sei längst gestorben. In solchen Augenblicken des Betrachtens war alle trügende Leerheit und Lauheit aufgehoben, und wenn ich dabei die vorgeschriebene Formel der Reue und des guten Vorsatzes vor mich hinsummte, so fühlte ich im Innern alles zugegen und verbürgt, was die Worte versicherten.

Endlich kam der wichtige Nachmittag, und wieder war es der Bann eines menschlichen Antlitzes, welcher der schwachen Seele zu Hilfe kam. Als ich mich dem hohen schöngeschnitzten Beichtstuhl näherte, sah ich nicht unsern erwarteten und halb erfürchteten alten Benefiziaten darin sitzen, sondern einen jungen Aushilfspriester, den ich nicht kannte. Eben entließ er ein Beichtkind; er bemerkte mein Heranzögern und winkte mir. Bleich und ernst, mit klaren, etwas traurigen Zügen gemahnte er mich an einen der zwei weißen steinernen Engel, die draußen überlebensgroß am Portale standen und den Gläubigen ihre runden Becken voll geweihten Wassers darhielten; von seinem sonnegestreiften Chorhemd aber ging ein Geruch aus wie von den gebleichten Wachsstückchen auf jenem grünen Rasen. Ich kniete hin, bekreuzte mich und flüsterte den einleitenden Spruch. Daß ich mich unverhofft dem seraphgleichen Fremden gegenüber befand, gab mir eine nie geahnte Sicherheit und Freiheit. Kein kleinliches Wissen um das Persönliche störte, Geheimnis wob, es war wirklich ein Abgesandter Gottes, vor dem ich kniete und bekannte. Zum ersten Male fühlte ich, daß wenig daran lag, ob die eine oder andere Verfehlung vergessen worden; selig stand ich in glühender Mitte des Symbols. Zuweilen vergaß ich zu flüstern und klagte mich laut und umständlich der unübersehbaren im Notizbuch verzeichneten Sünden an, bis er schließlich das Verfahren kürzte und mich durch Fragen zu präzisen Antworten zwang. Was er mir am Ende zu hören gab, war weder Vorwurf noch Drohung, nur eine Mahnung, jeden Morgen das Denken und Tun des Tags dem Höchsten zum Opfer zu bringen, mich aber nicht zu sehr zu quälen, der Herr des Himmels und der Erde verlange nichts Übermäßiges von einem Kinde. Mit rascher Segnung fand ich mich unversehens entlassen, zu früh für mein bedürftiges Gemüt, dem auch die auferlegte Buße allzu gering erschien. Wie gern wäre ich immer bei dem fremden Priester geblieben! Alles Böse, Ziehende war hin, das ganze Wesen Freiheit, Schwung und gute Tat, solang ich vor ihm kniete. Während ich mich unschlüssig erhob, stießen und schwätzten schon andere Knaben dicht hinter mir, ich sah noch mit fast eifersüchtiger Regung, wie er dem nächsten winkte, und ging in sonderbarer Trunkenheit aus der Kirche.

Von den Wochen, die nun folgten, überliefert mir das Gedächtnis nichts; doch ging ich künftig der Beichte aus dem Weg, so gut es die Wachsamkeit der Erzieher zuließ. Vielleicht ahnte mir, daß mich der Strahl der Gnade nicht ein zweites Mal so mächtig treffen würde; auch rief mir mein pedantisch-banales Sündenbekenntnis in der Erinnerung jedesmal einen faden Geschmack hervor, als hätte ich gerade das verschwiegen, worauf es einzig angekommen wäre. Und hatte dieses Gefühl unrecht? Das wahrhaft Unheimliche, Grausame, das wohl einmal aus einem Kinde zückt, entsteht es nicht in tiefer Unschuld, fern von Gedanken und Worten, dem Göttlichen gleich? Auch dieses ist ja nicht immer fest verhaftet, weder an Tempel noch Namen; oft schwimmt es als ein Hauch zwischen Liebenden und Hassenden, und die verworrenste Stunde kann es anziehen wie den Blitz. Kinder aber wie Große opfern dem Unbekannten gern. Der Knabe scharrt sein liebstes Spielzeug im Garten ein und gelobt sich, es nie wieder auszugraben. Die Blumensamen, mit denen er im Heimgarten ehrfürchtig-sparsam umzugehen gelernt hat, er stiehlt sie, trägt sie fort und streut sie verschwenderisch am Saum des Moores aus, vorfühlend allen Schauer des Wanderers, den am ödesten Ort ein unverhoffter Flor von Verbenen und Petunien überfallen wird.

Vielleicht hätte ich den Geschmack an der Beichte nicht so bald verloren, wenn jener junge Priester noch länger in Kading geblieben wäre; aber nie wieder kam er mir zu Gesicht. Unbewußt übertrug ich jedoch mein Vertrauen auf seinen steinernen Bruder, den gewaltigen Engel, der an der Kirchentüre das Becken mit dem Weihwasser hielt. In Minuten innerer Bedrängung suchte ich heimlich seine Nähe, besonders zur Dämmerzeit, und nie ohne Trost. Ein Blick in die feierliche Trauer seines Antlitzes, eine rasche leichte Berührung seines Gewandes gaben der Seele mehr Ruhe als die oft unwirschen Worte der Lebendigen, die doch nie das Rechte meinten.

Mein Vater war der einzige Mann in der Gemeinde, der selten zur Kirche ging und nicht gern vor einem Kreuze den Hut abnahm. Die Art aber, wie er seine Kranken behandelte, war so selbstlos und ganz dem Leiden zugewandt, so erfinderisch und glücklich, daß er doch überall für einen Gottesfürchtigen gehalten wurde. Meine Erziehung überließ er der Mutter, und nur, wenn er Gefahr sah, griff er ein, aber auch da nicht mit Schelten oder Züchtigungen, sondern durch irgendeine bedeutsame Handlung, die dann selten ihren Zweck verfehlte. Die Mutter hatte Zeiten der Furcht, wo sie sich freiwillig Entbehrungen und harte Arbeiten auferlegte, um gewissen Unglücksfällen zuvorzukommen. Dann gab sie mir Legenden zu lesen und leitete mich ebenfalls zum Entsagen an. Wie mir jedoch alles zum Unmaß geriet, so tat ich auch in diesen Dingen der Meisterin bald übergenug, verschenkte Spielsachen, Vesperbrot und Stiefel, ahmte die Haltung der Armen nach, ging demütig und barfüßig umher und versetzte mir mit spitzen Oleanderblättern Stiche in die Wangen.

Da beschloß der Vater eine kräftige Kur und nahm mich in seiner Kutsche zu einem Bauern mit, dem vor kurzem die Dreschmaschine einen Arm schwer geschunden hatte. Vorsichtig löste er die Verbandschichten ab, und als ich beim Anblick der breiten Wundfläche zusammenzuckte, erörterte er voll Ruhe, während er mit Schere und Pinzette brandig-schwärzliche Gewebsfetzen wegnahm, das Ganze sei nicht so schlimm, wie es jetzt aussehe, man brauche nur mehrere Streifchen frischer gesunder Haut aufzulegen und zu befestigen, so werde diese anwachsen, sich ausbreiten und der Arm bald wieder tüchtig werden.

»Ich habe es dem Bauern schon gesagt«, fuhr er gleichmütig fort, »daß du gern für andere ein Opfer bringst, – nun zeig, daß dir damit Ernst ist! Deine Haut ist jung und fein; ein paar Fleckchen genügen, sie werden anwurzeln wie Moos.«

Ich glaubte, er mache Spaß; aber schon ging er mit blitzendem Skalpell auf mich zu. Mitten im Schreck mich fassend, zog ich mein Röckchen aus, krempelte den Ärmel hinauf und sah dabei zu dem Verwundeten hin; mir war, als müsse dieser gegen des Vaters Beginnen Einspruch erheben. Der Mann aber hatte die Augen geschlossen, murmelte und stöhnte, um nichts bekümmert als um sein eigenes Leiden. Und bereits wirkte das Messerchen; mein Arm blutete an mehreren Stellen, ich sah Hautläppchen eingerollt an der Schneide haften und verfolgte nun genau, wie sie behutsam auf den wunden Arm des Bauern übertragen wurden.

»Noch einmal! Es tut kein bißchen weh!« sagte ich triumphierend, worauf der Vater gelassen den Eingriff wiederholte und mir dann eilig einen Verband anlegte.

Einige Wochen vertaumelte ich in eitler Lust über das herrliche Abenteuer und erzählte es jedem, der mir begegnete, bis meine kleinen Wunden geheilt waren und die Borken abfielen; da war ich auf einmal nüchtern, vermied auch künftig die Gebärden der Armen und die Spitzen des Oleanders.

Eva

Ich sass allein im regenverdunkelten Zimmer und kramte wieder einmal in der Lade, wo die magischen Besitztümer des Toten ruhten. Oft hatte die Mutter geäussert, man solle die Räume nicht meiden, wo Verstorbene gewohnt haben, sondern mutig und froh darin weiter hausen. »Wo Liebe aufhört, beginnen die Gespenster«, pflegte sie zu sagen, und wenn ich das Wort auch nicht ganz verstand, war es mir doch aus dem Herzen gesprochen. Im hellen Sakramentsglanz war übrigens die Gestalt des Zauberers immer ferner und nichtiger geworden; erst seit ich wieder dumpf ins gleiche Leben zurückglitt, Fehler beging und Verkennung erfuhr, nahte sie sich aufs neue. Vor mir lagen nun Stab, Mantel, Mütze, Becher und Blumen. Die Mutter hatte mir alles zugesprochen; es war mein Erbe. Das Wort aber, das die Gewalt der Dinge weckte, wie lautete es? In der Kirche standen Heilige, – wenn man zu diesen betete, so machte Gott, daß man fand, was man suchte. Hier aber half keiner, auch Antonius nicht; keiner wollte mit der Sache etwas zu tun haben. Viel hatte ich von Eva erwartet; aber immer offener kam es an den Tag: sie konnte gar keine wirklichen Wunder tun. Von dem ganzen Treiben wollte sie nichts mehr hören, wollte ewig nur springen, klettern und erdrückte einen manchmal vor Liebe, – was hatte man davon? Fragte ich, wie sie das Tuch in den Ring verwandelt habe, so lachte sie und sagte schließlich, die ganze Geschichte sei Schwindel gewesen, das Ringelchen höchstens zehn Pfennige wert, sie habe es zufällig bei sich gehabt und besitze noch zwei; ich könnte sie haben, wenn ich sie wollte. Wie gern hätte ich alles für Lügen gehalten. Und doch hatte ich mir auch gesagt, daß es eine viel höhere Kunst gewesen wäre, das Tuch selbst wieder herzustellen. Aber dazu brauchte man eben das unbekannte Wort.

Behutsam zog ich den Mantel heraus und begann mich darein zu hüllen. Sobald mich wieder mit schärflich modrigem Geruch die großen Falten umrauschten, erneute sich die Zuversicht. Die alte Kraft quoll auf, die Hände machten wie von selber geheimnisvolle Bewegungen. Bevor ich den Stab ergriff, wollte ich aber den Hilfsgeist anrufen. Ich ahmte die Sprechweise des Onkels nach, drängte alle Begier in die Stimme und rief zum Ofen hin: »Amal! Amal!« Tritte nahten auf dem Gang, ein Schauder durchlief das Zimmer; aber herein durch die halboffene Türe trat Eva.

Sie blieb ein Weilchen stehen, dann sagte sie lachend:

»Was tust du? Wirf den Trödel fort und komm! Wir wollen uns jagen auf dem Gang!«

»Das ist kein Trödel!« entgegnete ich erbittert, »freu dich nur, wenn ich das Zauberwort finde!«

»Glaubst du noch immer daran?« sprach sie mit jenem mütterlichen Ton, der mich jetzt nur noch mehr erzürnte, so daß ich den Mantel herabfallen ließ und mich schweigend zum Fenster wandte.

»Es ist alles nur Übung, Geschicklichkeit, Gaukelei...«

»Das ist nicht wahr!«

»Doch ist es wahr! Zauberworte, Zauberstab und Faxen, die sind nur, damit das Ganze den Leuten wunderlicher vorkommt und damit sie dem Taschenspieler nicht zu scharf auf die Finger sehen.«

Gern hätte ich sie nun gefragt, wie sie damals den Ring in den Becher gebracht habe, fürchtete aber, eine ganz gemeine Erklärung zu hören, und schwieg. Sie aber nahm den Stab, verneigte sich nach allen Seiten, flüsterte erst etwas Unverständliches und endete dann mit leichtfertigem Pathos: »Sehen Sie mir in die Augen, meine Herrschaften, so betrüge ich Sie mit den Händen! Sehen Sie mir auf die Hände, so betrüge ich Sie mit den Augen...«, dabei gebärdete sie sich ähnlich wie damals in der Schenke, nur noch viel verdrehter, und brach auf einmal in helles Gelächter aus.

Ich merkte, wie mein Glaube schwand, und fühlte zugleich den äußersten Haß gegen die ungebetene Aufklärerin, entriß ihr den

Stab und schlug sie ins Gesicht. Ein empfindlicher Zug erschien auf ihrer Stirn; dabei versuchte sie zu lächeln und sagte: »Nun hast du mich mit dem Zauberstab geschlagen. Das ist schlimm.«

Ernüchtert, über mich selbst entsetzt, warf ich ihn zu Boden. Sie aber, als wäre nichts geschehen, zog mich auf den Gang und begann sehr lebhaft ihre Meinungen zu äußern, kräftig und gelenkig müsse man werden, das sei vor allem wichtig. Muskeln und Sehnen müsse man täglich üben, turnen, schwimmen und womöglich reiten lernen, das Pferd sei das herrlichste Geschöpf, ja, als kleines Kind habe sie sich immer gewünscht, ein Pferd zu sein.

»Kannst du das?« rief sie voll Triumph, und ohne daß ich begriff, wie Bewegung aus Bewegung hervorging, drehte sie sich auf Händen und Füßen als Rad über den ganzen Gang bis ins offene Zimmer hinein und wieder zurück, wobei sie nicht einmal den Türpfosten streifte. Dann stand sie wieder da, warf das Haar zurück, legte, meine stumme Bewunderung spürend, ihren Arm um meinen Hals und sagte:

»Du wirst es auch lernen!«

Da hatte ich auf einmal keinen Wunsch mehr, als ebenso begabt und schnellkräftig zu sein wie sie, und sofort, unbedacht, versuchte ich gleichfalls ein Rad zu schlagen. Es mißlang schmählich, und schon fürchtete ich ihren Spott; aber ernst beteuerte sie, daß es ihr anfänglich nicht besser ergangen sei. Wenn ich mich ihr ganz anvertrauen und nicht das Schwerste zuerst machen wolle, so, meinte sie, könnte ichs weiter bringen als sie selber. Begeistert häkelte sie sich ihr Kleidchen auf, entblößte den Arm, beugte ihn, ließ die Muskeln hervorspringen und befahl mir, den Wulst anzufühlen; er war fest wie Bein.

»So muß der ganze Körper werden!« erklärte sie.

Ich aber, um nicht gar zu dürftig dazustehen, erzählte von dem toten Arm, vor dem die Magd so sehr erschrocken sei, daß sie beinahe hätte sterben müssen, und erbot mich, ihn ihr zu zeigen, wonach sie aber kein mindestes Verlangen trug. Als sie fortgegangen war, lief ich in die Stube, schmiß die ganzen Zaubersachen ungeordnet in die Lade zurück, stieß diese mit dem Fuß hinein, so weit ich konnte, und schwor mir, daß ich sie so bald nicht wieder herausziehen würde.

Eva kam nun oft zu uns. Die Eltern wurden ihr sehr zugetan, besonders der Vater, der übrigens, trotz ihrem frischen, geschmeidigen Wesen, an dem festen Bestand ihrer Gesundheit zweifelte und sich zu deren Überwachung aufgefordert fühlte. Von Zeit zu Zeit gab er ihr ein Fläschchen mit rotbraunem Saft, wovon sie täglich einen Teil verschlucken mußte. War das Glas leer, so stellte sie sich wieder vor, wurde beklopft und behorcht und erhielt neue Medizin. Sie hatte ganz blasses Zahnfleisch und über den Schlüsselbeinen Vertiefungen, die man dortzulande Weihwasserkesselchen heißt; diese und andere Mängel, auch die oftmals entzündeten Augen, sollten durch die braunen Tropfen allmählich geheilt werden.

Das Wettrennen

Mein missglücktes Auftreten als Zauberer hatte mir, dank Evas Eingreifen, bei den Mitschülern keineswegs geschadet; sie nahmen das nicht so genau, sondern freuten sich, daß überhaupt etwas geschehen war, ja manche hielten mich für einen Erzhexenmeister und wunderten sich nur, daß ich von meiner Gabe so bescheidenen Gebrauch machte. Ein wirkliches Ansehen hatte ich freilich nicht gewonnen, und dem Reisinger und seinem Anhang blieb ich nach wie vor teils unheimlich, teils lächerlich. Und doch ging mein nächstes Streben hartnäckig dahin, von den Eingesessenen als ihresgleichen betrachtet zu werden, wenn auch Eva darüber spottete und mit grenzenloser Verachtung von der stumpfsinnigen Kadinger Bande sprach. Einmal durfte ich in Landau an der Isar einem Pferderennen zusehen und geriet dabei auf einen Gedanken. Pferde- und Schlittenrennen halten im ebenen Bayern alt und jung immer in Erregung, – wenn ein ähnliches Ereignis von mir ausging, so konnte künftig kein Kadinger mehr an meiner Ebenbürtigkeit zweifeln. Die Durchführung war einfach, wenigstens für mich. Die Rolle der Pferde hatten die Schüler meiner Klasse selbst zu übernehmen; dreimal sollten sie von unserm Wohnhause aus den Marktplatz umlaufen; ich indessen würde, mit seidener Schärpe geschmückt, vor der Tür stehen, die Renner an mir vorbeijagen lassen, strenge Aufsicht üben, endlich die Sieger ausrufen und die Preise verteilen. Eva nahm mein Vorhaben mit Entzücken auf; sie meinte, ich solle die Kerle laufen lassen, bis sie umfielen, stimmte mir jedoch darin bei, daß die Gewinne sehr prächtig sein müßten. Auch die Mutter, die mir sonst, nach ihrer Gesinnung, manches versagen mußte und mich nun einmal recht entschädigen wollte, versprach ihre Hilfe. Ich dachte mir die ersten Preise als seidene Fahnen an weißen goldgespitzten Lanzen, wozu die Mutter bunte Tücher hergab, während ich die fehlende Zahl aus dem Zaubermantel zurechtschnitt;

die übrigen sollten Fahnen aus farbigem Seidenpapier erhalten, und diese schienen mir eigentlich die kostbareren; denn meine geheimsten Schätze gab ich zu ihrer Verzierung hin, all die goldumrankten Heiligenbildchen, fein ausgeschnittenen Rosenknospen, verschlungenen Hände und weißen Tauben mit rotversiegelten Briefchen in den Schnäbeln. Dazu kamen stufenweis als Beigaben Nickelmünzen, Schusser und jene reizend gemusterten Bohnenkerne, die als beliebtes Tausch- und Kaufmittel unter uns Kindern umliefen. Die Mutter wollte, daß kein Knabe von meinem Fest eine Kränkung mitnähme: sie lehrte uns hübsche ordenartige Rosetten aus Glanzpapier und Rauschgold herstellen, und zwar in solcher Zahl, daß jeder, auch wer keine Fahne erbeutete, mit einem solchen Erinnerungszeichen geschmückt werden konnte.

Ich befestigte wieder ein Plakat mit der Ankündigung des Unternehmens an der Haustür und beobachtete, hinter einem Vorhang verborgen, die Wirkung. Viele Vorbeigehende lasen aufmerksam. Lächelnd gingen die Großen weiter; die Knaben aber buchstabierten laut, besprachen sich mit hitzigen Gebärden, lasen abermals und überlegten. Dies war mir genug, um stürmisch zur Arbeit zu drängen. Mit Mutter und Freundin saß ich bald ganze Nachmittage beisammen, ausschneidend, nähend, schnitzelnd, klebend. Zuweilen ging der Vater durch das Zimmer, bewunderte die halbfertigen Fahnen und sagte, wenn ich Geld brauchte, möge ich mich an ihn wenden. Ich lief zu den Brüdern Zettl, die zugleich Schneider und Marktmusikanten waren, und trug ihnen auf, daß sie pünktlich zum Rennen kommen und beim Ausrufen der Preise Tusch blasen sollten, wie ichs in Landau gesehen hatte. Sie lachten unmäßig und fragten, wer sie denn bezahlen würde, worauf ich erwiderte, sie sollten nur kommen und blasen, so schön sie könnten, mein Vater habe Geld die Fülle.

Eines Abends war alles vollendet, und ich ordnete und prüfte die Gewinne, erst mit stolzem, plötzlich mit beklommenem Gefühl. Fast eine Woche lang war die Schule ausgefallen, kaum ein

Mitschüler mir zu Gesicht gekommen, – Absonderung und Fleiß, vielleicht auch Evas heimlich abklärende Nähe hatten mich den Genossen abgewandt und jeden Wunsch, unter ihnen eine Rolle zu spielen, eingeschläfert. Mit Regenbogenpracht umleuchteten die herrlichen Standarten das Zimmer; Orden, Münzen, Spielkugeln und Bohnen bedeckten den Tisch, – und diesen ganzen selbstgeschaffenen Reichtum sollte ich an jene dahingeben! Eine furchtbare, eine unverständliche Zumutung, der ich mit allen Gedanken zu entrinnen strebte! Als die Mutter äußerte, sie freue sich auf die glücklichen Gesichter der Knaben, wenn sie ihre Preise einheimsen würden, befiel mich ein Schwindel; bedrücktesten Herzens schlich ich zu Bett, als hätte ich im Traum unsinnige Schulden gemacht und müßte sie nun als Wachender bezahlen. Am nächsten Morgen aber begann die Schule wieder, und nun erfuhr ich die Gewalt der Gemeinschaft. Mit unbändigem Jauchzen umringten mich alle, während ich verlegen meinem Platz zusteuerte, fragten, wie hoch die Geldgewinne wären, ob es unter den Schussern auch gläserne gäbe mit kleinen silbernen Tieren im Innern, ob wahrhaftig Tusch geblasen würde und ob sie hernach wirklich alle Schokolade und Kuchen bekämen. In ihrem hemmungslosen Jubel waren sie so echt und liebenswürdig, daß meine Eigensucht sich wieder verschlüpfte, und bis zur Stunde des Heimwegs war ich schon wieder dermaßen der ihrige geworden, daß ich gern alle Fahnen hingeben mochte, sogar eine silbern befranste in Weiß und Blau, welche Mutter und Eva für mich nähten, damit ich auch ein Andenken behielte.

Auch diesmal waren, wie öfters, die Vorbereitungen das eigentliche Fest gewesen. Das Wettrennen selbst sprühte ab wie eine Rakete. Es war ein milder Sonntag zu Winters Anfang. Um zwei Uhr nach Mittag waren alle vierunddreißig Bewerber vor dem Hause versammelt, lärmend, prahlend, wie Hornisse durcheinander stoßend; neugierig standen die Bürgersleute vor ihren Türen und zogen ihre Kinder zu sich, damit ihnen nichts zustoße. Auf Trompeten und Klarinetten sammelte sich die Sonne; feierlich aus unsern Fenstern wehten die Fahnen. Als Eva sah, daß die schöne in den Landesfarben darunter war, bekümmerte sie sich und fragte, ob denn auch diese zur Verteilung bestimmt sei. Ich antwortete, daß sie dem ersten Sieger gehöre, worauf sie heftig versetzte:

»Dafür ist die rotseidene gut genug! Die blaue ist für dich, sonst für niemand!« Das hörten einige Buben, darunter auch Reisinger, der schon auf das prächtige Tuch paßte. Er wollte Eva beim Haar packen; sie aber entwand sich geschickt und sagte:

»Jetzt weiß ich, was ich tu, – ich renne selber mit und hole mir die Fahne!«

Da schrieen gräßlich alle Knaben zusammen, die Eva Veeders sei eine ausgeschämte Hexe, sie gehöre überhaupt nicht nach Kading, sofort solle ich ihr das Mitlaufen verbieten. Diese Forderung war gerecht; ich selbst empfand es als unschicklich, daß ein Mädchen sich am Wettlauf beteilige. Daß sie ihr aber vorhielten, sie gehöre nicht nach Kading, erbitterte mich; es war der nämliche Trumpf, den sie auch gegen mich auszuspielen pflegten. Ich sagte:

»Laßt sie halt mitrennen! Fürchtet ihr denn, daß ein Mädel euch hinläuft?«

Reisinger warf mir einen feindseligen Blick zu; er wußte so gut wie ich, wie vortrefflich Eva laufen konnte. Und schon rief die Trompete; im Nu gebändigt, stellte sich jeder in die Reihe, um das Zeichen nicht zu versäumen. Einige waren blaß vor Erregung; die meisten standen da mit vorgesetztem Fuß, weit vorgelegtem Oberkörper und nach hinten gestreckten Armen, wobei jeder mit gespreizten Fingern seinen Nachbar vom vorzeitigen Dahinstürzen abhalten zu wollen schien. Reisinger schielte bös nach Eva, die sich lachend neben ihm aufgestellt hatte; ich zählte: »Eins! Zwei! Drei!«, und los brachen die vierunddreißig, mit ihnen Eva. Als die Jagd zum ersten Male an mir vorüberstäubte, hielt sie noch leidlich zusammen; bald aber blieben mehrere zurück, nach Luft schnappend, und verließen mit Gebärden der Verachtung den Kampfplatz. Beim dritten Dahinstürmen waren es nur noch Eva, Reisinger und ein anderer Knabe, die sich die Palme streitig machten.

Reisinger hatte bereits dieselbe bläuliche Gesichtsfarbe wie der Onkel Georg bei seinen Anfällen; Eva dagegen sah aus wie immer, nur sehr blaß und die Nasenlöcher weit; mit den gelben Sandalen schien sie vom Boden immer schon abzuschnellen, ehe sie ihn betreten hatte; es war eine Lust, sie anzusehen. Auf einmal blieb Reisinger zurück, mit ihm der andere Junge; Eva traf als erste ein, sie hatte sogar einige Nachzügler überholt. Reisinger, fast am Ersticken, nannte mit letzter Kraft Evas Sieg ungültig, sie habe die linke Ecke am untern Markt nicht völlig ausgelaufen, sondern einen tüchtigen Winkel abgezwickt. Da rief der Vater, der neben der Mutter oben am Fenster stand, mit entscheidender Stimme, Eva habe sich so gut wie die andern an die Bahn gehalten und übrigens einen solchen Vorsprung gewonnen, daß ein paar Meter mehr oder weniger nichts ausmachten. Aber auch Reisinger habe sich als glänzender Läufer bewiesen, überhaupt hätten alle ihr Bestes geleistet, alle seien nach der Preisverteilung in der Schenke bei Schokolade und Kuchen von Herzen willkommen. So überreichte ich denn unter gewaltigem Tuschblasen meiner Freundin die schöne Fahne, die sie mit einem Knicks entgegennahm, worauf sie sich zum Fenster wandte und fahnensenkend den Knicks wiederholte.

Reisinger war nun mit der seinigen auch zufrieden, ja fand sie schließlich schöner als die andere; das Geld zählte er nach und steckte es, während er die Fahnenstange mit den Knien festhielt, in einen ledernen Beutel, den er mit langer Schnur vielfach umwickelte. Die Musikanten aber knauserten nicht mit ihrer Kunst und gewährten dem letzten wie dem ersten ein Geschmetter. Von Zeit zu Zeit nahmen sie die Mundstücke von ihren Blechinstrumenten, und hielten diese senkrecht über den Boden, um den Speichel ausrinnen zu lassen, der sich beim Blasen angesammelt hatte, ein Vorgang, der einem die ganze Großartigkeit ihrer Leistung zum Bewußtsein brachte. Die Mitschüler jedoch, die nichts erlaufen hatten, vertrösteten sich auf die schönen Orden, die erst in der Schenke verteilt werden sollten. Es war dies der nämliche Raum, wo ich so schlecht gezaubert hatte; daran aber dachte niemand mehr. Unter Trinken und Essen wuchs die Lustbarkeit; mit wildem Geschrei schätzten die Sieger ihre Trophäen gegeneinander ab, und die leer ausgegangen waren, erläuterten umständlich, warum sie heute nicht so flink laufen konnten wie sonst. Bald kam auf anderes die Rede. Es hieß, daß jetzt viele neue Häuser gebaut würden, ja, daß man eines Tages Kading wohl eine Stadt nennen werde wie Dingolfing oder Landau. Wir Buben, sagte einer, müßten aber auch das Unsrige dazu tun, müßten auch Häuser errichten, mindestens eins jeden Monat, und wärens auch nur hölzerne, gleich morgen wollten wir anfangen. Da erhob seine sanfte Stimme ein sonst schüchterner blonder Knabe; der meinte, so gehe es zu langsam, wir Kadinger Jungen müßten uns Helme und Säbel machen, den Buben von Waibling und Goben den Krieg erklären, sie als Gefangene mitnehmen und zwingen, daß sie sich um Kading herum ansiedelten, dann würden wir so groß wie Straubing und, wer weiß, vielleicht sogar Hauptstadt werden.

Der barbarische Vorschlag verblüffte die meisten; einer erinnerte, daß es auch in Goben sehr starke Knaben gäbe, gegen die wir nicht so leicht aufkommen könnten, andere schrieen wieder gegen diesen, verborgene Abneigungen blitzten hervor; plötzlich nahten sich zwei und schwangen, da sonst nichts zuhanden war, ihre Preisfahnen gegeneinander, unabwendbar schien der Kampf, – da, im bedenklichen Augenblick, erschien die Magd mit einem flachen Korbe voll der schönen weithin glitzernden Insignien, es wurde still, neugierig hielten die Zürnenden ein, und sogleich begann ich die Verteilung. Da war wie durch magischen Spruch die Zwietracht gebannt; heitere Luft wehte wieder, und die sich noch eben zu Leibe wollten, hefteten einander andächtig die hübschen Zeichen an die Röcke. Ja, sobald einer solch ein buntes Rosettchen mit Kreuz oder Stern ans Knopfloch bekommen hatte, schien etwas mit ihm vorzugehen; er hielt sich augenscheinlich für mehr als alle andern ausgezeichnet, gewann Haltung und nahm sich zusammen. Am Ende blieb nichts übrig, als daß einer dem andern eine gewisse Achtung bezeigte, wodurch sich die Wildheit aufhob und ein gedämpfter Ton entstand, der mir sehr zusagte. Denn auch in mir ging etwas vor, und während ich nahe daran war, unter den Kameraden endlich zu wahrem Ansehen zu gelangen, begann ich mich für immer von ihnen zu entfernen. Ich hatte am Morgen in der Kirche zum ersten Male die Weihnachtskrippe gesehen, und von Stunde zu Stunde wuchs nun der Trieb, die heilige Landschaft und ihre Szene zu Hause nachzubilden. Noch sah ich kein Wie; noch flügelte nur Phantasie mit frommer Raublust über einer Beute-Welt voll zarter Verwandlungen und spie auf einmal die ganze falsche Macht- und Ehrsucht aus wie ein Gewölbe. Freundlich, doch fremd, erschien mir mehr und mehr das Getriebe ringsum, und sogar Eva war mir nicht sofort verständlich, als sie mich plötzlich beiseite zog, mir die schöne Fahne in Weiß und Blau zusteckte und leidenschaftlich sagte: »Da hast du sie! Gib sie ja nicht mehr her!«

Die Krippe

Warum haben wir Freude an dem Knaben, der eigenwillig Werk auf Werk unternimmt, bald ein Haus, bald ein Schiff, bald eine Brücke baut, aber dem Fertigen keine Treue hält, sondern es gleich wieder zerschlägt und Neues unternimmt? Wir freuen uns, weil wir den treuen Sinn dieser Untreue ahnen. Wir glauben an den immer werdenden, immer sich erbauenden, immer erscheinenden Geist. Er schlüpft in manches Gespinst und belebt es nach seiner eigenen Figur, um unbeirrt eine Strecke zu wachsen. Ist dies geschehen, ist der neue Stand erreicht, so zieht er sich aus dem Sinnbilde seiner letzten Entwicklung zurück, zerstört es wohl auch und verwandelt sich in das nächste.

Das Krippchen wuchs langsam. Ein breites Fenstergesims war mir überlassen; aber eine Woche verging, und immer lagen dort erst ein paar Hölzer und Stäbe, etwas Moos und jenes flimmernde Granitstück, das ich im Glauben an seinen unermeßlichen Wert beim Umzug aus Königsdorf mitgenommen hatte.

Nach langem Brüten fiel mir ein, daß vor allem Himmel und Gebirg entstehen müßten. In einem Schrein der Mutter befanden sich große Bogen feinen Papiers von einem durchscheinend lichten und fernen Blau, damit schlug ich den oberen Teil des Fensters aus und schuf eine heilige Düsternis, welche tief unten durch blaugraues Pappegebirge zu hintergründiger Nacht verdichtet wurde. Körperhafter waren die Vorberge: verhärtete Baumschwämme, auf denen schon Häuschen und Bäumchen angebracht werden konnten. Mitten unter den Schwämmen stand der Granit; in diesem sah ich Schwerpunkt und magnetisches Geheimnis der Landschaft, was ich aber niemand verriet. Schmaler Wald aus kleinen Föhrenzweigen bedeutete den Übergang vom Höhenlande zur Ebene. Um einen würdigen Boden zu bereiten, löste ich vom feuchten Holze, das die Magd zum Ofen schleppte, die Rinden ab, machte sie flach und legte sie nebeneinander;

manche waren mit lockigen oder geweihig verzweigten Moosen geschmückt, manche mit feinem Pilz wie mit Grünspan angelaufen.

Roh gefügt standen auch Stall und Krippchen bald im Vordergrunde; nun aber stockte die Ausführung; es fehlte viel, was nicht so leicht zu beschaffen war. Und nun begann ich mit behaglicher Wut elsternhaft alles heimzusammeln, was ungefähr nach meinen Zwecken aussah: Scherben, Kiesel und bunte Stoffe; ja, ein Bauernbub, der in der Schule vor mir saß, mußte sichs gefallen lassen, daß ich seiner dicken, schwarz und rot gestreiften Winterjoppe entzupfte, was an farbiger Wolle nur herauszubringen war. Da er sich verwundert umdrehte, flüsterte ich ihm zu, daß das Tröglein des Christkinds damit ausgepolstert werden solle; gutmütig ließ er sich weiterzausen, ja brachte mir am nächsten Tag einen bläulichen Häherfittich, damit, meinte er, sollte ich die heiligen Könige aufputzen. Woher ich Könige, woher überhaupt Figuren nehmen sollte, wußte ich nicht, vertraute aber, daß sie zur rechten Zeit schon kommen würden. Abbildungen auszuschneiden und an Brettchen geklebt aufzustellen, hatte die Köchin geraten und mich damit sehr beleidigt. Denn nach leibhaftigen Gestalten verlangte mich, nicht nach bemalten papierenen, die mich in Verlegenheit brachten, wenn jemand sie von der Seite oder von hinten betrachten wollte. Von nun an wurde ich mißtrauisch gegen fremde Hilfe, und wenn mir jemand seinen Rat aufdrängen wollte, zog ich einfach die großen gelben Fenstervorhänge hinter mir zusammen und machte Werk und Werker unsichtbar.

Sobald aber der Geist auf ein Ziel gerichtet ist, kommt ihm vieles entgegen; ferne Gedanken und Sachen entlaufen ihren Gefügen und eilen ihm zu. Plötzlich fielen mir die Pflanzen ein, die namenlos in der Gartenecke standen; ich lief hinab und sah, daß sie noch grünten; hatte ich ihnen doch gleich etwas Winter-Überdauerndes abgewittert. Die Schäfte waren stärker, die Blätter gestreckter, die Kerben zu augenartigen Wülstchen geworden, die Palmenform unverkennbar. Es hielt nicht leicht, sie samt ihren

Wurzelstöcken aus dem gefrorenen Boden zu graben, aber wie heilig fremd machten sie mir dafür meine Landschaft!

Am andern Morgen kam jener verunglückte Bauer, um dem Vater die Rechnung zu bezahlen, zeigte den gesunden Arm, rief mich herbei und stellte ein Leiterwägelchen mit Plachendach auf den Tisch, dazu die schönsten holzgeschnitzten Schäfchen, Pferdchen und andere Tiere. »Es ist für die heilsame Haut«, lachte er und klopfte mir die Schulter; ich aber nahm die ganze mit eigenem Fleisch und Blut erkaufte Pracht und stellte sie guten Gewissens im Krippchen auf.

In einer Legende war vorgekommen, daß bei der Geburt Jesu der böse Feind aus Wut und Schrecken über das nahe Ende seiner Herrschaft sich winselnd und heulend in den hintersten Höllenwinkel verkrochen habe. Dies war bildhaft einleuchtend. Ich besaß einen hölzernen Kasperl; nichts war leichter, als einen Teufel aus ihm zu machen, und dabei kam Freundin Fledermaus, die nun schon so lange nutzlos im Spiritus schwamm, zu hohen Ehren. Stracks wurden ihr die Flügel abgeschnitten, die guttaperchadünnen Flughäute so weit wie möglich ausgespannt und an Satans rotes, aus Zaubermantelresten zusammengeflicktes Kleid genäht, das übrige Tier aber, das jetzt nur noch eine gemeine Maus war, verbrannt. Unter dem Fensterbrettchen war zum Auffangen des Regenwassers ein Blechkästlein in die Mauer eingelassen, das man an einem Porzellankopf herausziehen konnte, wodurch ein unheimlicher dunkler Schacht entstand. Hierher wurde der Erzfeind verwiesen; hier krümmte er sich vom Glanz des Heils zur Finsternis hinweg und grinste mit geröteten Augen und spitzer Scharlachzunge nach oben.

So lebte denn der Böse; die Guten aber und das göttliche Kind, wo war ein Stoff zu diesen? Daß die lieblichen und ernsten Gesichtchen in der Kirche aus Wachs bestanden, wußte ich und ließ mir nun von der Mutter das reine Bienenwachs, das Geschenk der Nachbarkinder, aushändigen; es schien mir für Jesuskind, Maria, Joseph und die Könige gerade hinzuzureichen. Eines Tages wagte ichs und versuchte das Antlitz Marias zu formen, das mir unsagbar heilig vorschwebte. Nun aber brachen schreckliche Stunden herein. Zwar war ich nicht ungeschickter, als ein Neunjähriger sein darf, und was unter meinen Fingern wurde, gemahnte wohl ungefähr an menschliches Gesicht; von der Holdseligkeit jedoch, die mich an den Vorbildern entzückt und erbaut hatte, gewannen meine Geschöpfe keinen Hauch. Zuerst bemerkte ich mit Kummer, daß das Wachs nicht lange sein zartes Weiß behielt, sondern mehr und mehr zu bleichem Grau verkam. Was mich aber wie Gegenwirkung einer feindlichen Gewalt entsetzte, das waren die niederträchtig häßlichen Gesichtszüge, mit welchen meine Püppchen mich anschielten, ich mochte mich stellen, wie ich wollte. Je mehr ich eiferte, ihnen ein frommes, anmutiges Wesen zu verleihen, desto mehr entarteten sie mir unter der Hand zu Hexen und Galgenvögeln. Auf einmal warf ich die sämtlichen begonnenen Köpfe zu Boden und hub ein solches Toben und Weinen an, daß erschrocken die Mutter hereinlief. Sie sah, daß mir Blut von der Schläfe herabrann, und fragte, was das bedeute. Nun merkte ich selber erst, daß ich mich in meiner Wut mit den Nägeln aufgekratzt hatte. Ich antwortete nicht, stand auf und überließ mich aufs neue meinen Tränen. Sie fragte nicht weiter. Die mißgeformten Larven, die sie herumliegen sah, gaben der Kundigen Auskunft genug. Sie nahm einige der unseligen kleinen Häupter zur Hand, betrachtete sie lächelnd, legte sie wieder fort und wusch mir das Blut vom Gesicht. Hierauf fragte sie, wie ich mit meinen Schulaufgaben stände. Als sie merkte, daß ich an diese trotz der späten Stunde noch gar nicht gedacht hatte, rief sie mir zu:

»Es ist eine heilige Zeit! Sei fleißig in der Woche, so wirst du am Sonntag Freude haben!« und verließ das Zimmer.

Wie eine Verheißung hatte das geklungen; ich fühlte jäh die innigste Gewißheit, daß etwas für mich geschehen werde, und wandte mich getröstet meinen Büchern zu, spielte von nun ab auch wieder öfter auf der Straße und begnügte mich, meine Landschaft noch mit manchem auszustatten.

Aber die Woche war lang, und in der Nacht vor Mittwoch sah ich im Traum den Onkel Georg durch meine Schlafkammer gehen. Er hatte den Zaubermantel an, aus dem aber große Stücke herausgeschnitten waren. In der Hand hielt er eine der Porzellanschalen, worin mein Vater Salben zu reiben pflegte, kam damit auf mich zu und sagte: »Bist du da, Figurenmeister?« nahm sodann zwei, drei Klümpchen eines rötlichweißen Gemenges aus der Schale, gab sie mir und befahl mir, ein schönes Kind daraus zu machen, worauf er sich durch die Türe hinausbegab. Ich drückte und knetete ein Weilchen an dem Zeug herum und hatte plötzlich ein wunderhübsches Männchen in der Hand. Im selben Augenblick erwachend, sah ich, daß im Ofen bereits Feuer brannte, sprang mit einem Satz aus dem Bett, nahm den Rest von Wachs, der auf dem Gesimse lag, und kauerte mich in den Feuerglanz, voll Glauben, daß mir als Wachendem gelingen müsse, was ich eben im Schlaf so vortrefflich gekonnt hatte. Noch spürte ich die formenden Bewegungen des Traumes in den Fingerspitzen, aus dem Ofen drang starke Wärme, die den Stoff erweichen half, und was in wenigen Minuten zustande kam, war gerade kein schönes, aber doch ein deutliches und angenehmes Gesichtchen; ich brauchte nur den Kopf mit etwas brauner Wolle zu umgeben, Augen, Lippen und Nasenlöcher anzuzeichnen und die Wangen mit zwei Tröpfchen roten Weins zu färben, so konnte es für einen jugendlichen Hirten wohl hingehen.

Ich weckte Vater und Mutter und holte am Nachmittag auch Eva herbei, um ihr den ersten selbsterschaffenen Menschen zu zeigen, den ich als den meinen anerkannte. Sie fand ihn nicht übel; nur Kleid und Hut schienen ihr zu mißfallen, sie ordnete lange daran herum, nahm dann Faden und Nadel und hatte bald alles mit solchem Geschick zusammengelegt und geheftet, daß ich nicht anders konnte, als es loben. So war mein Vorsatz, alles allein zu tun, lieblich durchbrochen, und künftig sträubte ich mich immer weniger, Hilfe von anderen anzunehmen.

Als Eva fortgegangen war, sprachen die Eltern noch von ihr.

Die Mutter pries ihr überhandnehmendes ernstes und eigenes Wesen, der Vater ihre kühne, langsam zur Schönheit reifende Gesichtsbildung, wobei er nicht unterließ, die glückliche Entwicklung des Kindes zum Teil seiner Kur zuzuschreiben: freilich, meinte er, könne der Arzt aus einem häßlichen keinen schönen Menschen machen, doch vermöge er vielleicht hin und wieder durch gewisse läuternde Mittel die gebundene Schönheit zu befreien.

Wir beschlossen, uns wieder täglich zu treffen, wollten aber nichts Neues beginnen, sondern das Wunder des Sonntags erwarten, da verstrickte mich der Freitag in ein Ereignis, das meine Hoffnungen sehr unsicher machte. Während der mittägigen Unterrichtspause überwarf ich mich nämlich beim Schusserspiel mit Reisinger, und zwar viel schlimmer als je zuvor. Er hatte vor meinem Hinzutreten ungewöhnliches Glück gehabt und unaufhörlich Schub um Schub gewonnen, geriet aber von dem Augenblick an, wo ich mich am Spiel beteiligte, in ein ebenso hartnäckiges Verlieren und sah, bleich vor Grimm, seinen Beuteschatz bunter und gläserner Kugeln in meine Taschen verschwinden. Plötzlich brach er ab, nannte mich einen Betrüger und wiederholte auch seinen alten Vorwurf, ich hätte ihn Evas wegen beim Rennen um den ersten Preis geprellt, sollte mich überhaupt schämen, immer mit einem Mädchen herumzuziehen, noch dazu mit einem hergelaufenen. Ich spürte die Ungerechtigkeit der Vorwürfe und den Widerwillen, der sich dahinter verbarg; während ich aber verwirrten Sinns nach einer Antwort suchte, rief uns die Glocke zur Schule zurück. Der Lehrer saß bereits hinter dem Katheder, der Unterricht begann; ich war aber unfähig, ihm zu folgen. Scham und Zorn griffen um sich; ich zerbrach Griffel, verbog Federn und kritzelte dann fahrlässig auf der Tafel herum, was mich einigermaßen beruhigte. Und auf einmal hatte ich angefangen, das Antlitz meines Widersachers nachzumalen. Ich besaß einen sogenannten Buttergriffel, der sehr leicht und weich anging und wie von selber Linien entwickelte; und als führte mir ein böser Geist die Hand, so muß ich, obgleich des Zeichnens unkundig, mit wenigen Zügen das ungleichmäßige Gesicht mit dem höherstehenden linken Auge, der verzogenen Ohrmuschel und dem verkrümmten Kinn getroffen haben. Nach dem letzten Strich drehte ich die Tafel so, daß alle das Bild sehen konnten. Bald spürte ich die Bänke hinter mir von unterdrücktem Lachen zittern; Reisinger aber zuckte zusammen, ein schrecklicher Zug legte sich um seinen Mund, ich erkannte, was ich getan, und wischte das Machwerk ab.

Nach beendeter Schule hätte ich durch rasches Heimlaufen dem Unheil für diesmal wohl entgehen können; der Fuß lenkte aber wie von selber langsam auf einen Umweg, so jener mich einholen mußte. Mit einem heiseren »Hab ich dich?« stand er endlich in seiner ganzen Übermacht neben mir. »Nimm dich in acht!« Dies war das einzige, was ich dagegen hervorbrachte. Etwas erstaunt sah er mich an, spuckte aus, griff aber plötzlich nach meinem zur Abwehr erhobenen Arm und begann nun auf jene überlegen-spielerische Weise, die wir Knaben ›Handschuhe anmessen‹ nannten, meine Handwurzel mit seinen harten Fingern zusammenzupressen. Ich behauptete, nichts zu spüren; er lachte nur und schärfte den Schmerz durch ein unheimliches Schweigen, kalt und stumm seine Rache genießend. Jetzt schlug ich mit meiner freigebliebenen Faust auf ihn los, wohin ich gerade traf, empfand aber immer mehr die weit überlegene Kraft seines Alters. Überdies lähmte mich etwas von innen heraus, eine seltsame Traurigkeit, aus welcher nach und nach eine Art Sympathie für den Gegner aufstieg, der unendlich blaß und leidend aussah und übrigens gelassen fortfuhr, mein Gelenk zu foltern, bis mir die äußerste Qual so viel Kräfte verlieh, daß ich mit einem doppelt schmerzlichen Ruck die Klammer sprengte. Ich erspähte die nahe halboffene Tür eines Hauses, sprang hinein und trat ohne Anklopfen in die Stube, deren freundliche Wohner den Flüchtling so lange beherbergten, bis der Peiniger sich entfernt hatte.

Rache

Unbehelligt nach Hause gekommen, fand ich mich in der Wohnung allein, trat aus Gewohnheit zum Krippchen, verließ es aber gleich wieder und brütete, an den fast erkalteten Ofen gelehnt, vor mich hin. Es klopfte; herein trat Eva. Sie hatte einen neuen dunkelgrauen Mantel an und um den Hals ein weißes Tuch, das lang herabhing. Ich vermied es, sie anzusehen, und suchte meine geschwollene Hand zu verbergen; sie hatte diese aber schon entdeckt und mit ihrem eigenen Ahnungsvermögen den Urheber erraten. »Der Reisinger?« fragte sie finster, nahm das Gelenk mit beiden Händen und blies es, wie man eine heiße Speise bläst. Hierauf tauchte sie ihr Taschentuch in Wasser und legte mir einen Verband an. Auch fragte sie, ob ich fröre, sagte, ihr sei heiß, zog den Mantel aus und gab nicht nach, bis ich hineinschlüpfte. Er reichte mir bis zu den Knöcheln herab; die Hände verschwanden fast in den Ärmeln. Wir lehnten uns, auf ein Fensterbrett gestützt, aneinander und überblickten den Marktplatz.

Eva berichtete, sie habe vor einer halben Stunde meine Mutter auf den Pfarrhof zugehen sehen, worauf ich äußerte, das sei vielleicht wegen des toten Arms, damit er begraben werde.

»Wie wars mit eurer Köchin damals?« fragte die Freundin, »wäre sie wirklich beinahe gestorben vor Schreck?«

Und ich schilderte wieder, wie sie kreideweiß geworden und an die Wand gesunken sei.

»Mir ginge es nicht anders, ich fiele tot um auf der Stelle!« versetzte Eva, ohne mich anzuschauen, und setzte nach kleiner Pause hinzu: »Wenn er ihn so ganz plötzlich zu sehen kriegte, der Reisinger, – meinst du, er würde nicht auch sehr erschrecken?«

Bei diesem Wort schlug meine Trauer in größte Lustigkeit um. Ich sah die Magd wieder dort lehnen, Mund und Augen weit offen, während Löffel und Schalen am Boden schepperten, und die Vorstellung, daß der Reisinger ebenso angstvoll schauen, ebenso hintaumeln würde, ließ mich Schmach und Schmerz vergessen. Klar sah ich die Szene entstehen. – »Soll ich ihn holen? Er tut dir nichts«, rief ich aufspringend, lief auf den Gang, überzeugte mich, daß niemand in der Küche sei, und tappte mich durch das Dunkel hinauf bis zur Kiste. Als ich ins Wohnzimmer zurückkehrte, schrie Eva mit abgewandtem Gesicht: »Hast du ihn? Bravo! Leg ihn hinten in den Winkel, ich bitte dich!«

»Fürchtest du dich denn?«

»Nein! Nein!« rief sie, am ganzen Leibe zitternd.

»Was gäbs da auch zu fürchten?« sagte ich und erklärte, was Gelenke, Bänder, Sehnen und Muskeln seien, und daß die Ärzte jahrelang an solchen Armen studieren müßten, damit sie die Leute gesund machen könnten.

Auf einmal entschloß sie sich zu einem schnellen Blick, wandte sich aber im Nu wieder weg und drückte die Hände in die Augen.

»Wann tust du es?« fragte sie nach einer Weile ganz ruhig.

»Um halb fünf Uhr, wenn er seinem Vater das Bier holt!«

Wir schauten wieder hinaus, fuhren aber beide zurück. Vom unteren Markt, sehr langsam, die Hände in den Hosentaschen, manchmal stehenbleibend, schlenderte der Reisinger herauf.

»Der ist es«, flüsterte das Mädchen. Jetzt nahm ich den Mumienarm, hielt ihn schräg in die Höhe und ging damit vor dem Spiegel auf und ab.

»Laß mich deinen Mantel anbehalten, Eva!« bat ich, »ich sehe furchtbar groß darin aus, er wird gar nicht merken, wer ich bin.«

»Ja, behalt ihn an!« bestärkte mich die Freundin, die sich nun schon etwas weniger fürchtete, »und komm, ich binde dir mein Halstuch ums Gesicht! Das ist Chiffon, mußt du wissen, Chiffon von meiner seligen Mutter, ein feiner Stoff... Alles kannst du durch ihn sehen wie durch ein Gitter, dich aber kennt niemand... Tummle dich!... Er wird glauben, du bist ein Gespenst«, – hiermit wand sie mir behutsam das weiße weiche Gewebe um den Kopf, ich erhob die schreckliche Gliedmaße, tat weihevolle Schritte und besah mich im Spiegel, der mir den grauenhaften Eindruck, den ich hervorzurufen hoffte, kräftig verbürgte.

»Ganz langsam geh ich auf ihn zu als wie ein Engel«, sagte ich.

»Ja, ganz langsam«, wiederholte Eva, »nur warte nicht mehr! Er ist schon bei der Post. Fürchte dich nicht! Ich bleib in der Nähe. Ich hab ein Messer und stech ihn in die Hand, wenn er dir etwas tut.«

Es war die Stunde des ersten Zwielichts, als ich den fast menschenleeren Marktplatz betrat. Den toten Arm hatte ich so gedreht, daß er nur wenig schlotterte und wie eine gräßliche Verlängerung meines eigenen gestreckten Arms erschien. Halb schleichend, halb schreitend kam ich auf Reisinger zu, erfüllt nur von dem Berufe, Gespenst zu sein, und behielt dabei den Ahnungslosen scharf im Auge. Als er der Erscheinung ansichtig wurde, blieb er stehen und lächelte, ein versonnenes, gläubiges Lächeln, als ob ihm ein sehr schönes Bild aufginge. Schon aber war ihm die gespreizte graue Hand nahe gekommen, bereits griff sie nach seiner Stirn, da fiel er mit gurgelndem Schrei rücklings nieder und warf sich unter Zuckungen hin und her. Und als hätten die Menschen darauf gewartet, gingen allerorten Türen und Fenster auf, – groß und klein eilte herbei und blickte bald auf das Opfer, bald auf den Täter und sein schauriges Werkzeug. Ich aber, zunächst entzückt von der prompten Wirkung des Überfalls, stand plötzlich erschrocken, ernüchtert. Zu fliehen war mein nächster Gedanke; dann wollte ich vor den Umstehenden meine Schuld bekennen, zugleich fielen mir Vater und Mutter ein, womit ein Trieb zum Handeln erwachte. Ich warf den Leichenarm fort, riß mir den Schleier vom Gesicht, rief den Ohnmächtigen beim Namen, schüttelte ihn an der Schulter und redete ihm eindringlich zu, es seien bloß Knochen, Gelenke, Muskeln und Bänder, sonst nichts. Eine alte Frau brachte heißen Kaffee; sie sagte, sie kenne den Buben seit seinen Kinderjahren, er habe schon früher dergleichen Anfälle gehabt. Dies Wort beruhigte mich einigermaßen; ich kniete nieder, um den Puls des Kranken zu fühlen, wie ichs zu Hause oft genug gesehen hatte, und versicherte den Anwesenden, die sich den Vorgang noch nicht so recht zu erklären vermochten, es werde gleich besser werden.

In diesem Augenblick vernahm ich das wohlbekannte helle Klingeln vom Pferdegeschirr meines Vaters, der aus Dörfern heimkehrend, gemächlich in den Marktplatz hereinfuhr. Eben war Reisingers Mutter, von Kindern geholt, mit einem Handwagen und mehreren Bettkissen angekommen; sie lief der Kutsche entgegen und bat den Vater, abzusteigen. Dieser sah zuerst auf mich und den Arm und neigte sich dann über den Kranken, dem jetzt etwas weißer Schaum in den Mundwinkeln stand. Nach flüchtiger Untersuchung befahl der Arzt, den Jungen ohne Verzug heimzuschaffen, und versprach, mitzukommen. Die Mutter bettete mit Hilfe einiger Männer ihren Sohn auf das Wägelchen und zog es fort, wobei ein Kind mit einer Laterne vorausleuchtete.

Ich aber stand beiseite, Verhörs und Urteils gewärtig, erhielt jedoch nur schroffe Weisung, das Präparat dem Kutscher zu übergeben und ohne Verzug heimzugehen, worauf der Vater der Unglücksgruppe folgte. Dieses erniedrigende Davon-geschicktwerden, indessen der andere, unnahbar wie ein Sterbender, von mir fort in Nacht und Schicksal hineinfuhr, erhellte mir meine Lage mit schrecklichem Licht. Vergeblich sagte Eva, die ungerührt neben mir herging, der liebe Gott habe den Reisinger gestraft, und rechnete jegliches Böse zusammen, was er mir angetan, – dies alles hatte kein Gewicht mehr: ich sah den Gefallenen im Staube liegen und sein Gesicht eine düstere verwünschte Schönheit annehmen, vor welcher nichts an mir bestand. Fremd und bedrohlich schimmerten mir die Fenster der Elternwohnung entgegen, und wie nun der erste Schnee zu fallen anfing, war mir, als fiele er auf alle Menschen, nur nicht auf mich.

Lichtspendung

WIE VOR FÖHNWETTER DIE LUFT AUF EINMAL SEHR DURCHSICHTIG WIRD UND ALLE DINGE SICH VERDEUTLICHEN, SO HEBT UNS ÖFTERS DAS NAHEN EINER KRANKHEIT IN EINE ÜBERMÄSSIG REINE, FÜR JEDEN GLANZ UND JEDEN SCHATTEN DES LEBENS UNENDLICH REIZBARE STIMMUNG. Die Mutter hatte strenge Strafen angedroht; aber davon verlautete schon am nächsten Tage nichts mehr; es war, als hätten sich nun alle verabredet, über das Ereignis gegen mich zu schweigen. Ich ahnte darin die grausame Weisheit des Vaters, der es für genug Züchtigung halten mochte, wenn man mich meinen eigenen Gedanken überließ. Das allgemeine Verstummen verschüchterte und verstockte mich aber dermaßen, daß ich nicht nach Reisinger fragen mochte; und weil wegen herrschenden Scharlachfiebers die Schule geschlossen und ich an Haus und Stube gebunden wurde, auch Eva nicht kam, so blieb ich über die Folgen meiner Tat im ungewissen. Um die tote Zeit zu beleben, suchte ich von neuem, meine Krippenlandschaft zu verbessern, und geriet hierdurch wieder ganz in den Bann der unvollendeten Schöpfung. Nur dem Wachs ging ich aus dem Wege, fürchtend, es möchten etwa wieder Teufel und Hexen zum Vorschein kommen. Und doch kreisten die Gedanken bald wieder leicht- und eigensinnig nur um die noch fehlenden heiligen Figuren. Immer seltener dachte ich an das, was vorgefallen war.

Oft fiel mir das rosenfarbene Jesuskind ein, das ich im wächsernen Buch verschlossen wußte; es hätte so recht für meinen Zweck getaugt. Einmal vor dem Einschlafen sah ich es greifbar verwirklicht über der Bettdecke schimmern und wollte es wie einen Schmetterling in die Hand nehmen, da war es fort. Die Mutter geradenwegs darum zu bitten, schien mir zuweilen sehr einfach; dann aber stieß ich an ihr verändertes Wesen und schwieg. Der Sonntag war vorbei, das Wunder ausgeblieben, alles schien verscherzt. Am Fenster aber wuchs der Schnee wie eine Hoffnung;

sah ich ein Weilchen in das ruhende Weiß hinein, so fühlte ich die kleinen biblischen Personen ganz in der Nähe, sie konnten jeden Augenblick hervortreten.

Es war die vierte Nacht nach dem verhängnisvollen Abend; ich lag im ersten tiefen Schlaf, da läutete unsere Glocke so anhaltend, daß ich völlig wach wurde. Hatte mich sonst dieser Schall, der stets nur dem Vater galt, falls ich ihn überhaupt hörte, niemals erregt, so vernahm ich ihn heute, vielleicht von Träumen vorgeängstigt, mit Schrecken und hielt es für ausgemacht, daß er mich beträfe. Ich glaubte, Reisinger sei gestorben, und draußen stünden die Gendarmen, um mich nach Landau ins Gefängnis zu holen, wohin, wie ich wohl wußte, alle Kadinger Untäter zuerst gebracht wurden. Während ich mit der Gelassenheit der Verzweiflung in der Mondhelle meine Kleider zusammensuchte, kam der Vater, schon in Mantel und Hut, mit einer Kerze herein und eilte, ohne mich zu beachten, durch das Zimmer auf den Gang. Dort war vielstimmiger Lärm. Ich zog mich an und schlich hinaus. Der Vater, seine Verbandtasche ordnend, stand mitten unter schluchzenden, rufenden, Hände ringenden Menschen. Er solle nur unverzüglich kommen, der Häuselmann Schmerold habe in der Schenke seine Frau erstochen, als sie ihn aus einem Raufhandel fortzuziehen suchte. Das Messer, das er zuerst gegen einen andern Mann gezielt hatte, sei abgeglitten und ihr unter die linke Brust gefahren, der Körper werde schon kalt, sie gäbe kein Zeichen mehr, obwohl man ihr tüchtig Schnaps in den Mund geschüttet habe.

Der Vater nahm seine Tasche und folgte den Vorauseilenden über den mond- und schneelichten Hof. Meine Begleitung wurde von ihm nicht bemerkt oder mit Schweigen geduldet. Als ich Gewißheit hatte, daß der ganze Handel sich gar nicht um mich drehte, löste sich meine Spannung in ein schütterndes innerliches Lachen, das plötzlich in ein kurzes Weinen umschlug, worüber mitlaufende Nachbarinnen eine tiefe Rührung bekundeten, da sie glaubten, das Schicksal der armen Frau Schmerold gehe mir so sehr zu Herzen. Sie trösteten mich und meinten, die Schmeroldin könne froh sein, daß sie von ihrem Mann, dem schlechten Kerl, erlöst sei; ganz Kading wisse, daß ers mit andern Weibern halte, gewiß habe er den Mord längst vorbedacht, werde ihn aber nun als in Zorn und Rausch begangen hinstellen, wofür er leider nur ein paar Jahre Gefängnis kriegen könne.

Ich entzog mich den Frauen bald und gelangte als einer der ersten in den wohlbekannten Raum. Auf dem langen Tische, der einst mit meinen Zaubersachen bedeckt gewesen war, lag das junge Weib. Das schwarze Kopftuch war von der Stirne weit zurückgeglitten; man sah sorgfältig aufgekämmtes weißblondes Haar, die Augen standen offen und schielten ein wenig. Über den Tischrand hing eine Hand mit schmalem Ring, die Füße standen auf einem umgefallenen Maßkrug auf, ein schaumiges Gemisch von Blut und Bier tropfte auf den Steinboden.

Rasch entblößte der Vater die ganze Brust, und alle drangen heran, um die Stichwunde zu beschauen. Sie sah gar nicht gefährlich aus, klaffte kaum und blutete nur noch wenig. Jeder tat, als ob er noch auf etwas hoffte, und vielleicht, weil man vom Arzt auch im verzweifelten Fall wenigstens einige Maßnahmen erwartet, ließ der Vater die Beine der Toten höher lagern, zog Äther in eine metallene Spritze und flößte ihn durch eine hohle Nadel unter die Haut. Hierauf riß er in gleichen Pausen die schlaffen Arme immer wieder nach oben und schlug sie an die Brust zurück, wobei zuerst ein gurrender Seufzer aus der Kehle drang, so daß ich schon an die Wiederkehr des Lebens glaubte.

Die Zeit verging, die Lampe verlosch, die Wirtin zündete eine Kerze an und gab sie einem der Zuschauer in die Hand, damit er leuchte. Den kräftigen Mann, der, wie man flüsterte, zuvor selber mitgerauft hatte, überkam bald ein Schwindel, sein Gesicht wurde weiß wie das der Leiche, wegtaumelnd übergab er das Licht einem andern und entfernte sich. Dem zweiten ging es nach kurzem Aushalten nicht besser, schon merkte ich, daß er sich erblassend nach einem dritten umsah, – da nahm ich mir ein Herz, trat vor, faßte mit beiden Händen den Leuchter, hob ihn, so hoch ich konnte, und gelobte mir, auszuharren, es mochte dauern, solang es wollte. Bald aber legte sich Müdigkeit auf die Arme, die Versuchung, sie sinken zu lassen, wurde übermächtig, – da fiel mir Ludwig der Zweite ein, der einstens als geduldig-starker Kerzenträger jenen kranken Mann in solches Erstaunen versetzt hatte. Der König war mittlerweile im Starnberger See ertrunken und von mir vergessen; jetzt stand er wieder auf, erquickte mich durch sein Beispiel und gab mir Kraft. Im Amte des Lichtspenders erstarrend, spürte ich bald keinen Schmerz mehr und sah nur immer auf die Leiche nieder, auf die Augen, welche die gute Wirtin unterdessen zugedrückt hatte, auf das getroste, mit allem einverstandene Antlitz, auf die Brüste, die das einzige waren, was an der Gestalt noch zu leben schien.

Als ich mit dem Vater in die Wohnung zurückkehrte, fragte ich mich im stillen, ob er mein treuliches Ausharren wohl ein wenig beachtet habe. Es wäre mir sehr lieb gewesen; denn noch immer wußte ich mich im Stande der Schuld und Ungnade. Er aber, von eigenen Gedanken bewegt, schien mich erst zu bemerken, als ich ihm gute Nacht wünschte, und fragte nur, ob ich mich denn auch warm angezogen habe, setzte jedoch freundlich hinzu, dem Reisinger gehe es besser, dagegen sei nun Eva krank, aber nicht gefährlich.

Am andern Tage, gegen Abend, hielt ichs in der Stube nicht aus, ging ins Freie, dem Garten zu, trat ein und stapfte durch das verschneite mütterliche Reich. Zerbrochen in meinem lieben Winkel standen die Stümpfe der Sonnenblumen, die ich vordem aus winzigen grünen Pflänzchen zur Größe goldener Scheiben hatte aufziehen helfen, der wilde Wein war voll schwarzer gefrorener Trauben, und überall standen Reifblumen, die beim Pflücken gespenstisch zerfielen. Und da lag auch im Rankengeflechte mein Ball, den ich einstmals nach dem Zauberer geworfen hatte. Ich streifte den Schnee ab; von Blau und Sternensilber hatte sich nichts erhalten, doch war er noch fest und luftgefüllt. Ich warf ihn hoch, fing ihn auf und kehrte, vergnügt über den unverhofften Fund, in die Wohnung zurück, wo ich, ein Unbehagen spürend, mich entkleidete und in das Bett legte. Ein Fieber mochte seit mehreren Tagen im Blute stecken; sobald ich nun ruhig unter der Decke lag, begann es sich auszuwirken.

Ich fror heftig und hatte wunderliche Eingebungen, deren Erinnerung mir teilweise geblieben ist. Groß, in Mantel und Mütze, stand Onkel Georg hinter dem Ofen und zwinkerte mir lustig zu. Ich aber lag, wie Verstorbene liegen, geschmückt mit den seidenen Blumen, die er mir in der Nacht vor seinem Tod aus meinen Taschen hervorgezaubert hatte, und fühlte eine strenge Verpflichtung, mich nicht zu regen, bis ich plötzlich den Ball in meiner Hand spürte, – da schleuderte ich ihn dem Zauberer zu. Der warf mir dafür seinen Stab entgegen, und zwar so gewandt, daß er mir gleich in Händen blieb. Indem ich ihn hin und her drehte, erhob ich mich in die Luft, bald schnell, bald langsam, je nachdem ich ihn schräg oder gerade hielt. Endlich schien mir der rechte Griff gefunden; ich schnellte mit rasender Gewalt nach oben. Aber schon mußte ich wieder verkehrt gelenkt haben; schrecklich geschwind fiel ich der Erde zu. Es wurde sehr hell; ich erwartete jede Sekunde mein Aufschmettern und riß vor Angst die Augen auf, – da stand am Bette der Vater mit einer Lampe, neben ihm die Mutter, beide betrachteten mich aufmerksam.

Krankheit

Erste Krankheitszeiten! Wo unter Schmerzen das Wachstum geschieht, wo sich im Schutze des Benommenseins die Sinne wölben, wo zuweilen durch Schweiss und Schwäche die Zukunft wetterleuchtet und die Seele zweifelnd harrt, bald auf Erscheinungen, bald auf heiligende Rufe!

Eine bedeutungsvolle Stille wird um uns geschaffen, jede Stimme hat einen neuen Nachhall, die Uhr tickt härter und schneller als sonst, jeder Schrank, jeder Tisch verliert sein Zufälliges, und Röckchen und Hose, die neben uns über dem Stuhle hängen, nehmen, sobald es dämmert, auf eine rührende Weise unsere eigene Haltung an.

Einmal, da der Blick wieder freier geworden, steht eine bunt behangene Tanne mit Lichtern im Zimmer; die Mutter aber deutet nach dem Krippchen. Da leuchtet aus dem längst bereiten Moos- und Wollelager das Christuskind vom wächsernen Buch; Mutter Maria, lichthaarig, und Vater Joseph, bekümmert grau, neigen sich darüber, Hirten mit beladenem bergigem Gang traben Bethlehem zu, Engel funkeln am Gebirg, und mit edel gebogenen Händen bieten die Könige ihr Gold, Weihrauch und Myrrhen. Erfüllt ist alles, und dem Knaben fällt nicht ein, nach der Herkunft der Figuren zu fragen. Als klarste Geschöpfe seiner Sehnsucht stehen sie vor ihm, so spricht er sie ohne Bedenken als sein Eigentum an. Bald wagt er sie sogar zu berühren, eine große Lust, besonders bei dem roten Kleide Marias, das nur wenig unter dem blauen Mantel hervorsieht. Es ist von der hohen Röte der Nordlichtverbenen und fühlt sich an, als läge zwischen Stoff und Finger noch ein unbegreiflich feiner anderer Stoff, den man weder sehen noch wegdrücken kann. Immer wieder aber kehrt sein Blick zu jenem halb im Traum geformten Hirten und noch öfter zu Satan; denn auch er ist sein eigenes Werk und hat ihn, wie oft! mit seiner höllischen Vollkommenheit getröstet, als die seligen Gestalten ausblieben und die Krippe noch so leer war. Schließlich jammert ihn des grausam Verbannten; er nimmt ihn herauf und setzt ihn auf die Granitpyramide, wo er sich, von Palmen umschattet, eher fürstlich und traurig als häßlich und boshaft ausnimmt. Allmählich gelangt die Seele dazu, das Ganze als eine Einheit zu überschauen. Und nun zeigt sich: es ist wirklich ein Ganzes, mit eigener Weise und eigenem Licht. Grünliches Gedämmer hält alles hold zusammen, Kluft und Ritze blinken von vergrabenen Metallen, und von den vordersten Moosen bis zum Gebirgsgrunde dehnt sich ein Raum vieler Stunden. Überaus beglückend aber ist das Unwirkliche, das Unveränderliche dieser zarten Welt. Nie wird dies Kind gekreuzigt werden, nie dieser Engel fortfliegen, nie sinkt dieser Stern.

Von Eva erfuhr ich, daß sie noch immer krank sei; dem Reisinger aber, sagte die Mutter, gehe es gut, er komme jedoch nicht mehr viel auf die Straße, sondern müsse fleißig seinem Vater in der Schreinerwerkstatt helfen. Diese Nachrichten beruhigen und erregen zugleich; der Kopf wird wieder heiß, die Hände leicht und groß, die Luft ballt sich wie Watte an den Fingern, und das Anschauen der Krippe schmerzt. Am Ende drückt man sich in die Kissen und überläßt sich dem Dunkel der geschlossenen Augen; aber auch da ist kein Stillstand, kein Nichts! Ein schwarzer Wirbel spült unaufhörlich krauses Zeug herauf und hinab: Streifen, Zweige, halbe Ringe, halbe Augen, mattfarbige Schneckengewinde. Man darf nur den Blick nicht auf einen bestimmten Punkt einstellen wollen, muß ihn vielmehr den Erscheinungen einfach nachschwimmen lassen, sonst zerfällt alles zu rotgrünem Gebröckel. Sehr schön war eine Spiegelung, die selten kam, dann aber so regelrecht verlief, daß ich bald wie ein Himmelskundiger ihre Phasen voraus wußte. Ein Komet erschien undeutlich in der Tiefe und spendete große goldblaue Blasen herauf, die plötzlich in eine Saat von Fäden, Kügelchen, Blättern und Flossen auseinanderstoben, worauf das Ganze zu schwarzem Nichts verstrudelte. Jetzt aber brauchte ich nur still zu warten, dann mußte ein messingglänzendes Rad aufspringen, das einen fünfstrahligen gelben Stern umschloß und in schräger Bahn mit ihm enteilte.

So fand sich die fiebergelockerte Seele zwischen All und Nichts wunderbar hin- und hergespült. Nun aber folgten Minuten der unvermischten Langweile und mit ihnen ein äußerstes Ungenügen, das weder Bücher noch Spiele zu beschwichtigen vermochten. Jeder kennt diesen Zustand der Kindheit, wo wir uns nach außen als weinerlich-boshafte, mürrische Geschöpfe darstellen, während sich im Innern vieles entscheidet und zum ersten Male ein Ahnen dämmert, daß uns im Allerletzten, Allertiefsten niemand helfen kann. Keine Sehnsucht ist dem Ursprung näher, keine gefährdeter als die des unerfahrenen, mit seinem Geschlechte noch unbekannten Kindes, das, genesungstrunken, von seinesgleichen abgesondert, in seinem Bette wacht. Es kann nicht wie die gesunden Gespielen seine kommende Kraft überlärmen und übertoben; es kann sie nicht wie die Erwachsenen in eine Tat umsetzen oder in Umarmungen ausgießen; es muß sie fühlen und tragen in ihrer ganzen göttlichen Unverwendbarkeit, muß mit ihr wachsen oder an ihr zerbrechen. Und auf einmal sehnt sich der Knabe nach einer Gestalt, vielleicht nach einem Gefährten, vielleicht nach einem Führer oder Verführer; weder Weib noch Mann schwebt ihm dabei vor, doch muß es ein Wesen sein, das ihm ein unvergleichlich mächtigeres Leben auftut als das bisher gelebte, und er ist bereit, große Leiden dafür auf sich zu nehmen. Schließlich aber führen ihn gute Träume für diesmal noch zu jenem steinernen Engel zurück, und wie er sich einst ohne Furcht vor Hörnern und Klauen an die Leiber der Tiere gedrängt hat, so preßt er jetzt im Geiste Stirn und Lippen an den Seraph, auf die Gefahr hin, daß dieser plötzlich zu atmen anfangen und ihn mit feuriger Herrlichkeit zerstören könnte.

Wem dies wie manches andere unserer Erzählung befremdlich klingt, der hoffe mit uns auf klarere Jahrhunderte, wo kein Kind es nötig haben wird, einem steinernen Führer zu folgen! Die Zeiten abseitigen Wandelns, man sagt es uns, gehen zu Ende. Entzündet wird allerorten der Eine Sinn, kein Lichtlein soll dem Lichte fehlen, kurze Wege werden gebaut von Natur zu Natur, einsame Gesichte sogleich im gemeinsamen Geiste mitgeschaut und gedeutet. Verrufen sind Zauberworte, die Dämonen leiden Gewalt. Dem Knaben aber bleibt kein Raum für freies Irren; als bestimmbare Kraft wird er sich früh mit Kräften verbinden.

So klingt die Kunde. Wir aber, Söhne des Zwielichts, dienen der Nacht wie dem Tage treu. Wie das Gebäude des kommenden Geistes aussehen, wie hoch es sich erheben und wer es vollenden wird, weiß niemand. Wir selbst werden es nicht mehr betreten dürfen; wären wir aber noch Knaben, wir nähmen unser funkelndes Granitstück, trügen es in der Dunkelheit auf den Bauplatz und vergrüben es heimlich unter dem Grundstein: was könnte es den Mauern schaden?

Eines Tages eröffnete mir der Vater, daß ich in einigen Monaten an das Gymnasium zu Landshut käme und gleich nach meiner Genesung zum Pfarrer gehen müsse, der mich für die neue Schule vorbereiten wolle. Dabei legte er, halb im Scherz, eine lateinische Grammatik auf das Bett. Ich versuchte darin zu lernen; es fiel über Erwarten leicht. Bald konnte ich kleine Sätze bilden, und wenn ich diese, vielfach abändernd, vor mich hinsang, beruhigte sich das Blut, und das dumpfe Hirn wurde lichter.

Endlich kam Eva, brachte Schneeglöckchen und drängte zum Aufstehen. Sie war bleich, groß, weibhaft geworden, und es dauerte eine Weile, bis ich wieder zu ihr sein konnte wie früher. Oft seufzte sie; dann drehte sie sich wieder summend mit wundersamen Tanzbewegungen im Zimmer umher; die Wände schienen zu klingen und, wenn sie geendet hatte, noch einige Sekunden lang nachzubeben.

Als ich mit Latein und städtischer Zukunft gelinde zu prahlen anhub, hörte sie ruhig zu, verriet mir aber dann, auch sie sei zum längsten in Kading gewesen, ein Bruder ihrer verstorbenen Mutter habe sie besucht, er wolle sie bald nach München holen und zu einer Reitkünstlerin ausbilden lassen. Sie würde einen Schimmel als Reitpferd bekommen und ein blaugrünes Seidenkleid mit unzähligen eingenähten Spiegelchen. Das alles möge sie aber gar nicht, sie wolle eine Tänzerin werden. »Ich setze es schon durch«, sagte sie.

»Früher wolltest du doch immer reiten«, warf ich ein.

»Als Kind hatte ich manchmal die Sehnsucht, ein weißes Pferd zu sein. Später wünschte ich mir, auf einem zu reiten. Jetzt aber will ich tanzen!«

Auf meine Frage, wo sie es denn gelernt habe, sagte sie, es sei ihr damit ähnlich ergangen wie mir mit meinem Wachsfigürchen. Ihre Mutter sei ihr im Traum erschienen, jung und heiter wie ein Mädchen, habe sie bei der Hand genommen und mit ihr getanzt, es sei gar nicht schauerlich, sondern sehr feierlich gewesen. Seither müsse sie immer auf Tänze sinnen, täglich fielen ihr neue ein, zwar den im Traum getanzten habe sie noch nicht wieder finden können, er werde eines Tages schon noch kommen.

Damit begann sie wieder leicht und sicher das Zimmer zu umschweben. Ich sah mit Entzücken zu; der letzte Rest meines inneren Ungenügens war dahin; zum ersten Male spürte ich erneuerte Gesundheit in allen Gliedern.

Der Rhythmus der herrlichen Bewegungen aber wirkte nach wie eine frohe Botschaft. Und wie nun das Leben selber sehr weit und geistig zu werden versprach, verlor unmerklich das Krippchen seinen Wert und seinen Zauber. Ich beachtete es immer weniger und ließ es auf seinem Gesims verkommen. Und schnell zerfiel die kleine Gründung, als meine Liebe sie nicht mehr zusammenhielt. Es lösten sich die Gipfel der Gebirge, die Palmen verwelkten, die Kronen der Könige zersprangen, Satans Flügel brachen ein, und Hirten und Tiere versanken tief und schief im vergilbenden Moos.

Das Schwert

Es kamen jetzt öfters wieder Kinder zu Besuch, darunter auch jener schüchterne blonde Mitschüler, der uns nach dem Wettrennen zum heiligen Kriege wider die Knaben der Nachbardörfer aufgerufen hatte. Eva mochte ihm von meinem Weihnachtskrippchen erzählt haben, und wenn er nun beinah täglich erschien, so galt dies sichtlich weniger mir als meinem für mich abgetanen Werk. Vor diesem stand er oft betrachtend bis zur Abenddämmerung, und nach und nach entdeckte er alle Einzelheiten und bewunderte sie. Einmal ging er in den Wald und sammelte seltene Moose, farbige Kiesel und leere Schneckenhäuschen, damit ich den Boden, der schon unscheinbar wurde, wiederherstellen könnte. Dies unterließ ich aber, und er selbst wagte nichts zu berühren, obgleich man ihm ansah, wie er mit eigenem Sinn im Ganzen lebte und gern dies oder jenes zurechtgerückt hätte.

»Eigentlich gehört noch ein Brunnen mit wirklichem Wasser hinein und ganz hinten ein feuerspeiender Berg«, äußerte er einmal seufzend, und ich gab ihm recht; er aber hatte wohl mehr als meine bloße Zustimmung erwartet, einsilbig verließ er mich und blieb einen ganzen Tag aus. Als er am nächsten wiederkam, trug er einen hübschen Säbel an der Seite, dem er aber keinen sonderlichen Wert beizulegen schien; wenigstens redete er von ganz andern Sachen, und als ich endlich ungeduldig die Waffe näher zu sehen wünschte, erzählte er, sein Vater habe sie im Jahre 70 von einem französischen Offizier erbeutet und ihm zum Nikolaus geschenkt. Viel habe man ihm schon dafür geboten, unter anderem ein ganzes Briefmarkenalbum, aber um keinen Preis der Welt gebe er den Säbel her. Er zeigte den fein gearbeiteten Korbgriff, zog die Scheide ab, gab ihn mir in die Hand, bemerkte, daß ich sehr nobel damit aussähe, und vertraute mir an, daß drunten in unserm Hof ein Schleifstein stünde, daran habe er schon manchmal heimlich die Klinge geschärft, sie schneide wie Gift.

Meine Faust hatte kaum den Griff umschlossen, da ging es wie mit dem Zauberstab: eine Kraft fuhr aus dem Stahl in mich hinein, zugleich eine unendliche Lust, ihn zu zücken und zu schwingen, und ich mußte mich für das unglücklichste Wesen erklären, falls er mir wieder abgenommen würde.

Der Besitzer sah mir schweigend zu; endlich ließ er mich die Klinge ans Licht halten, sah sich ängstlich um und fragte, ob uns niemand zuhöre.

»Da und da und da ist noch Franzosenblut daran«, flüsterte er und verzog, leicht schielend, seine sanfte Miene zum Ausdruck unmenschlichen Grauens, während er auf einige bräunliche Stellen wies, die wahrscheinlich nur harmlose Rostflecken waren, wie denn das zierliche Säbelchen kaum jemals zum Kampf gedient haben mochte. Ich aber glaubte gerne, und die Schauer, die mich nun überliefen, verminderten keineswegs meine Begierde. Plötzlich, mit einem festen Blick, warf er die Maske ab:

»Weißt du was? Gib mir das Kripperl, und ich laß dir den Säbel!«

Diese unverhoffte Wunscherfüllung hatte etwas Bedrängendes; ich glaubte mir Bedenkzeit ausbitten zu müssen. Dennoch kam der Tausch in wenigen Minuten zustande, und nie meinte ich einen besseren gemacht zu haben. Den selbstgefertigten kleinen Teufel nur schloß ich noch eilig von dem Handel aus, als der Blonde schon abzubauen begann; ich sagte, der gehöre nicht herein, riß ihn von seinem granitenen Sitz und steckte ihn in die Tasche.

Von diesem Tage an war das Schwert mein Gefährte. Ich schlug einen Nagel in die Bettstatt und hängte es immer vor dem Einschlafen daran, damit ich es am Morgen gleich erfassen konnte. Die Macht- und Wutgefühle, die mich tief durchfluteten, sooft ich es mit allen Kräften schwang, wurden zum süßesten Rauschgift, von dem ich täglich größere Mengen bedurfte. Ich wünschte mir einen Gegner, und weil keiner zur Hand war, ersann ich feindliche Gewalten, verlieh ihnen Tier- oder Menschengestalt und hieb sie in Stücke. Sonst versöhnlich und lenkbar, suchte ich nunmehr bei Uneinigkeiten mit meinen Besuchern den gütlichen Austrag zu vermeiden, um Gewalt brauchen zu können, woran mich nur die Hausaufsicht hinderte. Bevor aber dieses Fieber zum Siedegrad stieg, schuf es sich selbst eine schmerzhafte Heilung.

Wieder einmal befand ich mich allein im Zimmer und köpfte mit wilden Schwüngen viele Feinde, als eben die Mutter, von mir nicht bemerkt, hereinkam. Ehe ich sie halb erblickte, war das Unglück schon geschehen; Blut lief über ihre Hand und besprengte den Boden. Es half nichts, daß ich den Säbel wegwarf und mich schreiend an die Verwundete klammerte, als wäre nicht sie, sondern ich der Hilfe bedürftig; ich erreichte damit nur, daß ich mich selbst mit Blut besudelte und zum ganzen Bewußtsein meiner Missetat brachte. Die Mutter sah bleich aus und fragte, was mir fehle; sie hatte den Vorgang noch nicht begriffen. Hingegen überblickte der Vater, den mein Geschrei herbeirief, die Lage sogleich. Er prüfte die Verletzungen der Finger und führte die Mutter, ohne mich anzusehen, in sein Verordnungszimmer. Ich wurde, als ich folgen wollte, zurückgewiesen. So stand ich denn, fast ohne Gedanken, aber voller Vorwürfe gegen Gottes Unachtsamkeit, der dieses zugelassen hatte. Zwar machten mir die Wunden wenig Sorge; Blutungen aus angestoßener Nase oder geschundenen Knieen und Händen gehörten ja zu den Alltäglichkeiten meines freien Lebens in gesunden Tagen; ich wußte, wie schnell dergleichen heilt und wie wenig es die Daseinslust mindert. Furchtbar aber war es dennoch, die eigene Mutter, ob auch nur versehentlich, mit vernichterisch gezückter Waffe getroffen zu haben; die Welt hatte kaum Entschuldigungen dafür. Und wenn ich auch nicht ernstlich glaubte, daß mir nach meinem Tode nun die Hand aus dem Grabe hervorwachsen würde, so war es doch peinlich genug, sich jetzt an die schaurige Fabel erinnern zu müssen. Glänzend im Sonnenschein lag neben den Blutstropfen der blanke Stahl auf der Diele, prächtig und fremd; ich sah ein, daß er nicht mehr zu mir gehörte. Endlich, mit schrecklich weiß vermummter Hand, nach Jodoform duftend, kehrte die Mutter zurück; sie sagte, die Wunde sei gering, der Vater schon besänftigt. Er hatte jedoch sein strengstes Gesicht, als er nachkam. »Her den Säbel!« zürnte er mich an. Ich hob die Waffe auf und überreichte sie ihm, wobei ich mich, wer weiß, aus welcher Geschichtenbuch-Erinnerung heraus, ein wenig verbeugte, was er nicht zu bemerken schien; doch nahm ich gerade noch wahr, daß die Mutter sich schnell zum Fenster drehte, um ein Lächeln zu verbergen. Sie beruhigte mich auch bald wegen zeitlicher und ewiger Folgen des Unfalls; nur wäre sie sich als untüchtige Erzieherin vorgekommen, wenn sie nicht auch dieses Ereignis zum Anlaß genommen hätte, eine neue Art Beschäftigung für mich zu erfinden. Diese war entsprechend; ich sollte beim nächsten Verbinden der Wunde genau zusehen und es künftig selbst versuchen. Dies geschah, und schon mein erster Verband erwarb sich ein väterliches Lob. Später half Eva mit, und jetzt wurde der Verbandwechsel zum vergnüglich-festlichen Ereignis eines jeden Abends. Viel zu rasch für uns beide verlief die Heilung, und als an den mütterlichen Fingern wirklich nichts mehr zu bessern war, wikkelte ich der Freundin zum Scherz ihre gesunde Hand ein, ein Dienst, den sie mir gerne wieder erwies. Die Mutter, die alles begünstigte, was nach Unterricht aussah, ermunterte uns kräftig, diese Übungen fortzusetzen, und wir führten sie täglich umständlicher und zärtlicher aus. Eine große, vielleicht ewige Trennung stand uns bevor; niemand sprach davon, aber die Luft um uns war voll von diesem Unabwendbaren, und unwillkürlich begegnete man sich anders als sonst, gedachte auch manches törichten Unrechts, das man einander angetan. Daß ich Eva einmal mit dem Zauberstab geschlagen, sie auch sonst nicht selten erschreckt und geängstigt hatte, dies alles war ja verjährt und verschmerzt; es gab aber auch noch anderes, ganz Heimliches, das abzubitten war. Wie oft, wenn die Augenlider der zarten Gespielin wieder einmal entzündlich gerötet waren, hatte ich sie gehaßt und verflucht, nur weil mich der Anblick dieses Übels jedesmal so heftig angriff, daß mir wie von zerschnittenen Zwiebeln die eigenen Augen übergingen! Dies und Ähnliches lebte wieder auf; das ganze Wesen drängte zu tätiger Reue, und Eva war viel zu lebensvoll, um nichts davon zu spüren. Wenn wir uns also nun wechselseitig mit immer neuen, dem Vater entwendeten Gazestreifen bald eine Hand, bald einen Fuß, bald Stirn und Augen weiß umbanden, so hatte das jedesmal einen besonderen sehr innigen Sinn von Buße, Verzeihung, Hingabe. Mir war schließlich der ganze Tag nur noch eine Vorfreude auf dieses schweigsame, in Form eines Verbandkursus ablaufende Zwiegespräch, in welchem wir uns immer Größeres zu sagen suchten.

Opfergang

Einmal hatte ich einen lustigen Morgentraum. Ich sah unter der geschlossenen Zimmertür meine Schuhe hervorschlüpfen; sie klapperten eifrig über die Diele meinem Bette zu, wo sie sich als blankes Pärchen zurechtstellten. Sofort erwachend, dachte ich daran, daß dies der Tag war, an dem ich den Pfarrer aufsuchen sollte, sprang an den Wandtisch und verließ nach dem Frühstück das Haus. Auf meinem Wege kam ich an Reisingers Wohnung vorbei, was mir aber erst bewußt wurde, als ich ihn selber bemerkte, wie er hinter einem halbgeöffneten Fenster sich mit etwas beschäftigte. In Gedanken fliehend, blieb ich in Wirklichkeit ruhig stehen, sagte mir übrigens gleich, daß es ganz in der Ordnung war, jenem jetzt zu begegnen. Er war in Hemdärmeln und blauem Schurz und suchte zwei weiße Brettchen ineinanderzupassen, während er einen Bleistift zwischen den Lippen hielt. Mir fiel eine Veränderung an ihm auf, die ich mir nicht entzifferte, aber als wohltätig empfand. Als er mich erblickte, trat er ein wenig zurück, sagte aber dann ganz freundlich, fast als hätte er mich erwartet: »Bist du da?« und fügte hinzu: »Komm herein!«

Zum ersten Male betrat ich die kahle kleine Werkstatt, wo nun Vater und Sohn miteinander arbeiteten. Der Junge, während er eins der Brettchen mit einem eisernen Schaber glättete, fragte, ohne mich anzusehen: »Bist wieder gesund?« – »Ja, du auch?« fragte ich zurück, worauf er abwehrend meinte, bei ihm habe es nicht weit gefehlt, bloß in den Nerven, und überhaupt sei er die Zeit her viel gesünder als früher, mein Vater erlaube ihm kein anderes Getränk als Milch, die tue ihm gut. Beinahe wars, als schämte er sich des erlittenen Anfalls, und deutlich ließ er merken, daß er meine Krankheit für die gefährlichere hielt.

Das Gespräch wurde nun unterbrochen; leidenschaftlich warf sich der Knabe wieder in das Werk, und unbeachtet stand ich abseits, etwas befangen durch die stumme Gegenwart des Alten, der nicht erraten ließ, ob er mich hinausjagen oder mein Bleiben eine Weile dulden wollte. Dieser wortkarge Mann, der auf der Straße einem grimmigen Bettler glich, ragte hier in Meistergröße ehrwürdig und rechtschaffen zwischen den Schränken, Tischen und Särgen, die er schuf. Bedächtig legte er den Meterstab an ein Brett, machte Zeichen mit blauem Stift und hobelte dann, daß das Holz nur so heulte. Dem Hobel aber entflogen lange, seidig schimmernde Bänder, die sich zu Locken einrollten und da und dort in der Sonne harzrötlich leuchteten.

Ein Mädchen kam, legte Brot auf den Tisch und ging wieder. Die Arbeit ruhte; Vater und Sohn setzten sich zum Essen und boten auch mir einen Sitz. Der Alte schnitt Stücke ab, eins für sich selber, eins für mich, eins für den Jungen. Von solcher Gastfreundlichkeit ermutigt, fragte ich diesen, was mit den Brettchen geschehe, die er vorhin gehobelt und geputzt habe. Er erklärte, sie würden zu Kästchen zusammengesetzt, wies in die Ecke, wo bereits Kästchen und Schatullen, sämtlich noch ohne Farbe und Zierat, in manchen Größen aufgestapelt lagen, und rief den Vater zum Zeugen an, daß er drei davon eigenhändig angefertigt habe. Sodann beschrieb er, wie sie später gebeizt oder lackiert und endlich mit Beschlägen und Schlößchen versehen würden.

Unwillkürlich betrachtete ich von Zeit zu Zeit den früheren Feind. Wie er so ruhig und gegenständlich redete, war er wirklich ein verwandeltes Wesen. Ein wenig schien er mir beschädigt, die Sprache lallte leicht; was er aber sagte, war klar und ernst gemeint, und das Gesicht konnte ich nach Lust betrachten, ohne mich im mindesten bedrückt zu fühlen. Es waren die ungleichmäßigen Züge wie immer; aber wie Tonfolgen, denen man einen anderen Schlüssel vorgesetzt hat, bedeuteten sie etwas anderes. ›Die tote Hand hat ihn verzaubert‹, fuhr es mir kindisch durch den Kopf, doch verwies ich diesen Einfall weit hinweg ins Traumhafte, wohin er gehörte. Mir war keineswegs zum Träumen. Zur Tüchtigkeit rief jedes Hobelspänchen in dem schlichten Raum, und frei sagte ich heraus, daß auch ich für mein Leben gern lernen möchte, wie man so hübsche Kästchen macht, worauf der alte Meister mit rauhem Lachen erwiderte: »Komm sooft du willst! Wir werden dich schon abrichten!« Der Sohn aber verstummte und sah finster zur Seite. Der übergroße Gunstbeweis des Vaters mochte dem werkstolzen Knaben denn doch gar zu leicht erworben vorkommen. Endlich erhob er sich, öffnete ein Fach, nahm einen gelblichen Bogen heraus und legte ihn vor mich hin.

»Bevor man mit Holz und Säge hantiert, muß man zeichnen können«, sagte er streng. »Hier ist eine Vorlage. Linien sind darauf, Winkel, Dreiecke, Vierecke, Würfel. Das alles zeichnest du zu Hause nach, eins nach dem anderen, ganz genau, und mit freier Hand, verstehst du? Nicht etwa, daß du dirs leicht machst und Lineal oder Pauspapier nimmst! Wenn du fertig bist, kommst du wieder und zeigst es mir!«

Der Alte lächelte. »Du packst es scharf an«, sagte er.

Mir indessen waren jene schrecklichen Schulminuten in den Sinn gekommen, wo die äußerste Wut fast etwas wie ein Talent in mir erweckt hatte, so daß der Verhaßte auf einmal auf der Tafel erschien, – jetzt sollte ich ihn als meinen Lehrer anerkennen; Trotz regte sich, der aber gleich in sich selber zerfiel, und schließlich konnte ich nur wünschen, daß es mir nun mit Winkeln und Würfeln ebenso glücken möge wie mit jenem bösen Gesicht.

»Wenn du fleißig bist«, fuhr er übrigens freundschaftlich fort, »können wir noch vor Ostern mit dem richtigen Tischlern anfangen!« Damit steckte er mir den zusammengelegten Bogen in die Manteltasche. Es war Zeit zu gehen; ich bedankte mich bei Vater und Sohn und nahm Abschied.

Im Pfarrhof erwarteten mich noch einige Erlebnisse. Ich verfehlte das Zimmer des Hochwürdigen und geriet in ein halbhelles Hauskapellchen, das ich zwar schleunig wieder verließ, aber doch erst, nachdem ich mich ein wenig umgeblickt hatte, was nicht ohne leichten Schrecken abging. Ein Betstuhl stand vor dem spitzigen Altar; auf diesem selbst aber entdeckte ich zwischen zwei knieenden silbernen Engeln einen gläsernen Schrein, darin lag auf dunkelviolettem Sammet ein knöcherner Arm, besetzt mit Edelsteinen, der mich furchtbar an den anderen toten Arm erinnerte, jenem verhängnisvollen, der mir seit meinem Überfall auf Reisinger nicht mehr zu Gesicht gekommen war. Zwar stimmte nicht alles überein: Schulterblatt, Muskeln, Sehnen und Bänder fehlten hier, aber die Hand hatte die nämliche Größe, und jedenfalls war es ein deutlicher Menschenarm. Zu längerem Vergleichen fehlte die Zeit, und sowie das Auge nicht mehr unmittelbar an die Erscheinung haftete, begann einbildende Kraft, die Unterschiede leise zu verwischen. Immerhin beschloß ich, auf dem Rückweg das Ganze genauer zu prüfen.

Der Mesner führte mich in das obere Stockwerk, wo ich den Pfarrer erwarten sollte. Ein breiter Tisch mit schwarzem Schreibzeug stand in der Mitte; die Wände hatten keine Tapeten und auch sonst wenig Zierden. Über einem niedrigen Büchergestell hing das Kreuz, neben der Tür eine silberne Weihwasserschale, Passionsblumenstöcke grünten an den drei Fenstern. Zwischen zweien von diesen war an der Mauer eine Zeichnung befestigt, welche mich näher zog. Sie stellte ein Gebäude dar, das keinem der mir bekannten glich; doch stimmte die Seele freudig diesem Neuen zu. Man sah viele helle Stufen, daraufstehend hohe schöne Säulen und über diesen ruhend ein langgestrecktes Dreieck mit eingefügten Gestalten. Was mich vor allem anmutete, war, daß der Bau nichts verschloß oder verbarg, daß man vielmehr frei zwischen den Säulen hindurchblicken konnte zu Baumwipfeln, Türmen, fern fliegenden Vögeln. Überdies war er von drei hohen Pforten durchbrochen, durch welche Leute kamen und gingen, während andere wie Rastende oder Wartende auf den festlichen Stufen saßen.

Tritte schütterten hinter mir; der Geistliche war hereingekommen. Er nahm mich bei der Hand und befahl mir, mich an den großen Tisch zu setzen. Nie hatte ich einen alten Mann von so schmächtiger, zierlicher Statur gesehen. Das Gesicht war bräunlich, nur die Stirne bleich und weiß, die Augen in hohen Höhlen bald schläfrig zugekniffen, bald weit ausäugend, als hätten sie große Fernen vor sich. Er eröffnete, daß wir heute noch nicht mit dem Studium beginnen wollten, fragte dies und das, bestimmte die Stunden, zu denen ich mich künftig einfinden sollte, und bestellte mich auf den anderen Tag. Ich konnte an der wunderbaren Zeichnung nicht vorübergehen, ohne sie wenigstens mit einem Blick zu grüßen.

»Die Propyläen, scheint mir, haben dirs angetan«, sagte der Pfarrer.

»Was heißt das: Propyläen?« fragte ich.

»Die Propyläen«, gab er zur Antwort, »sind ein Säulentor, wie die alten Griechen viele gebaut haben.«

Dabei löste er das Blatt herunter, wischte den Staub davon ab und legte es zu gemeinsamem Beschauen auf den Tisch.

Nachdem er einiges schwer Verständliche über Säulen, Friese und Figuren gesprochen hatte, begehrte ich zu wissen, wozu solche Tore denn gebaut worden seien.

»Das Tor, so herrlich es auch dastand, war nicht das Wichtigste«, lautete die Erklärung, »es war nur der Eingang. Wer hindurchschritt, gelangte auf den geweihten Boden, auf dem der Tempel erbaut war. In diesem aber stand das Bild des Gottes.«

»Meine Mutter sagt, die Griechen seien Heiden gewesen«, erlaubte ich mir einzuwerfen.

»Ja, sie waren Heiden.«

»Haben sie also nicht an Gott geglaubt?«

»Sie haben sich Götter gemacht und sind samt ihren Göttern untergegangen.«

»Sind sie alle miteinander gestorben?«

»So ist es nicht gemeint«, versetzte der Priester lächelnd.

»Die Griechen haben schon weitergelebt, und ihre Nachkommen leben heute noch in Griechenland. Aber die Kraft Gottes, durch welche sie so schöne Gebäude erfinden konnten, die war nur kurze Zeit in ihnen. Es ist schon über zweitausend Jahre her, und unser lieber Herr Jesus war noch nicht geboren.«

Dies leuchtete mir nicht ein; ich wollte lieber wieder die Zeichnung selber ansehen. »Ja, Götter vergehen, Gott lebt!« rief jener, das Zimmer umwandelnd. »Und der griechische Künstlersmann, der dies Tor gebaut hat, meinst du nicht, daß er ein Mann Gottes gewesen ist?«

»Kommt er also in den Himmel?« fragte ich schnell.

»Wer in den Himmel kommt, haben wir nicht zu entscheiden«, lautete die langsame Antwort. »Wenn du aber selbst hineinkommst, wirst du dort auch solche Tore finden.«

»Man sieht hier«, sagte ich, »allerhand Leute durch die Propyläen gehen, Herren mit Zigarren, Damen mit Sonnenschirmen, Kinder mit Puppenwagen, – sind das alles Griechen?«

»Nein«, erwiderte der Geistliche, »es sind Menschen von heute wie du und ich.«

»Gibt es denn irgendwo noch solche Tore?«

»Etliche gibt es. Künstler haben die paar alten Bauwerke, die noch leidlich erhalten sind, genau nachgezeichnet, und in ihren Vaterländern neu aufgebaut. Das du hier siehst, ist gar nicht weit entfernt. Es steht mitten in unserer Hauptstadt München. Eines Tages wird dich dein Weg schon hinführen.«

»Werde ich darunter durchgehen dürfen?«

»Ich will es hoffen!«

»Warum schauen die Leute auf der Zeichnung das Tor gar nicht an und gehen dahin, als wäre nichts dabei? Wissen sie nicht, daß es ein göttliches Tor ist?«

»Vielleicht wissen sie's nicht«, sagte der Pfarrer. »Du aber weißt es jetzt. Denk daran, wenn du davorstehst! Und nun frag nicht mehr, sondern geh nach Hause. Von morgen an werden wir lernen!«

Der Kopf war mir betäubt und klar zugleich, als ich den Pfarrhof verließ. Es war einer von den Tagen, wo es heiß über letzten Schneeflecken weht und unter schwarzen, feurig zerrissenen Wolken mit fernem Geschrei die Wildgänse fliegen. Mitten auf dem Platz fiel mir ein, daß ich vergessen hatte, noch einmal nach dem toten Arm zu sehen, doch sagte ich mir, daß es nicht mehr nötig war. Phantasie hatte ihr Werk vollendet: jenes unselige weggeworfene Glied aus der Gerümpelkiste und das fromm geschmückte hier im gläsernen Schrein, schon waren sie eins in mir geworden, und ich wußte, daß ich mir künftig das eine nur noch als das andere denken würde. Das war ein großer neuer Besitz; ich beschloß, ein Geheimnis daraus zu machen, auch vor mir selber, und der Wirklichkeit nicht weiter nachzuforschen.

Geraden Weges heimzugehen hatte ich übrigens keine Lust, zumal da mir Meister Reisingers treffliches Hausbrot meinen Mittagshunger vorweg genommen hatte; ich eilte aus Markt und Gassen ins Freie hinaus und schlenderte den Bach entlang eine Strecke gegen Landau hin. Der fruchtbare Wiesen- und Getreidegrund verliert sich hier auf einmal in einen moorigen Strich, wo von Bäumen fast nur Weiden gedeihen, und diese sind ein Geschlecht von Dürftlingen, das kaum einmal einen hohen Stamm mit weitausgeästeter Krone hervorbringt; meist sieht man kurze Stümpfe, die sich nahe dem Boden zu Keulen auftreiben und gleich in unzähligen Ruten erschöpfen. Ein einzelner langer und schlanker Strunk jedoch ragte seltsam gewunden aus dem noch vereisten Ufer gegen den Feldweg hin; ich kannte ihn von früheren Streifen her, und immer hatte er mir die Stelle schauerlich anziehend gemacht. Von Rinde längst entblößt, zu schimmrigem Grau verbleicht, lief er nämlich in eine deutlich abgesetzte Verdickung aus, wodurch er Hals und Kopf einer aufgerichteten Schlange wundersam nachahmte. Zudem war das Gebilde hohl, und ein geöffneter Rachen schien in ungewisse Tiefen hinabzuführen. Ich suchte in allen meinen Taschen, ohne Gedanken, aber voll unklarer Empfindungen, denen ich durch mein Beginnen vielleicht Ausdruck verleihen wollte, zog ein paar Mandelsterne und versilberte Nüsse hervor, die mir als Wegzehrung mitgegeben waren, und steckte sie dem Ungetüm in seinen Schlund. Auch ein Ringelchen mit Glasrubin, ein Geschenk Evas, das ich am Finger trug, sandte ich den Süßigkeiten nach. Immer noch aber blieb der gierige Rachen weit aufgesperrt, und weil ich selbst nichts mehr hatte, suchte ich in der Nähe Stoff zu neuen Spenden. Zwischen allerlei Stauden stand ein wilder Rosenstrauch voll roter kleiner Samenurnen, die noch mit Eis überzogen waren; davon pflückte ich, bis die Hände brannten, und fütterte die mächtige Schlange. Dann verließ ich den Ort mit einem traumhaften Vorsatz, nie wieder zurückzukehren, und wanderte rasch nach Kading zurück. Vor den ersten Häusern noch einmal umblickend, bemerkte ich einige Elstern, welche die Stätte schreiend umflogen; ja eine hatte sich auf dem Schlangenkopf niedergelassen und schien eifrig in den Rachen hineinzupicken, worüber mich unendliche Freude befiel, ich wußte nicht warum.

Inhalt

Erste Freuden 9
Die Forelle 15
Der Marktplatz 26
Der Garten 31
Der Fund 36
Schule und Schüler 41
Der Zauberer 46
Die Beichte 70
Eva 76
Das Wettrennen 80
Die Krippe 87
Rache 94
Lichtspendung 98
Krankheit 103
Das Schwert 108
Opfergang 113

insel taschenbücher
Alphabetisches Verzeichnis

Die Abenteuer Onkel Lubins   it 254
Aladin und die Wunderlampe   it 199
Ali Baba und die vierzig Räuber   it 163
Allerleirauh   it 115
Alte und neue Lieder   it 59
Andersen: Märchen (3 Bände in Kassette)   it 133
Lou Andreas-Salomé: Lebensrückblick   it 54
Apulejus: Der goldene Esel   it 146
Arnim/Brentano: Des Knaben Wunderhorn   it 85
Arnold: Das Steuermännlein   it 105
Aus der Traumküche des Windsor McCay   it 193
Balzac: Das Mädchen mit den Goldaugen   it 60
Baudelaire: Blumen des Bösen   it 120
Beaumarchais: Figaros Hochzeit   it 228
Beecher-Stowe: Onkel Toms Hütte   it 272
Beisner: Adreßbuch   it 294
Benjamin: Aussichten   it 256
Berg: Leben und Werk im Bild   it 194
Bertuch: Bilder aus fremden Ländern   it 244
Bierbaum: Zäpfelkerns Abenteuer   it 243
Bierce: Mein Lieblingsmord   it 39
Blake: Lieder der Unschuld   it 116
Die Blümchen des heiligen Franziskus   it 48
Boccaccio: Das Dekameron (2 Bände)   it 7/it 8
Böcklin: Leben und Werk   it 284
Brandys: Walewska, Napoleons große Liebe   it 24
Brentano: Gockel Hinkel Gackeleia   it 47
Brontë: Die Sturmhöhe   it 141
Das Buch der Liebe   it 82
Büchner: Der Hessische Landbote   it 51
Bürger: Münchhausen   it 207
Busch: Kritisch-Allzukritisches   it 52
Campe: Bilder Abeze   it 135
Carossa: Kindheit   it 295
Carossa: Verwandlungen   it 296
Carroll: Alice hinter den Spiegeln   it 97
Carroll: Alice im Wunderland   it 42
Carroll: Briefe an kleine Mädchen   it 172
Cervantes: Don Quixote (3 Bände)   it 109
Chamisso: Peter Schlemihl   it 27
Chateaubriand: Das Leben des Abbé de Rancé   it 240
Claudius: Wandsbecker Bote   it 130

Cooper: Lederstrumpferzählungen (5 Bde.)   it 179-183
Dante: Die Göttliche Komödie (2 Bände)   it 94
Daudet: Tartarin von Tarascon   it 84
Daumier: Macaire   it 249
Defoe: Robinson Crusoe   it 41
Denkspiele   it 76
Dickens: Oliver Twist   it 242
Die großen Detektive   it 101
Diderot: Die Nonne   it 31
Dumas: König Nußknacker   it 291
Eichendorff: Aus dem Leben eines Taugenichts   it 202
Eichendorff: Gedichte   it 255
Eisherz und Edeljaspis   it 123
Die Erzählungen aus den Tausendundein Nächten
  (12 Bände in Kassette)   it 224
Fabeln und Lieder der Aufklärung   it 208
Der Familienschatz   it 34
Ein Fisch mit Namen Fasch   it 222
Fabre: Das offenbare Geheimnis   it 269
Flaubert: Ein schlichtes Herz   it 110
Flaubert: Lehrjahre des Gefühls   it 276
Flaubert: Madame Bovary   it 167
Fontane: Der Stechlin   it 152
Fontane: Effi Briest   it 138
Fontane: Unwiederbringlich   it 286
le Fort. Leben und Werk im Bild   it 195
Caspar David Friedrich: Auge und Landschaft   it 62
Manuel Gassers Köchel-Verzeichnis   it 96
Gasser: Tante Melanie   it 192
Gebete der Menschheit   it 238
Das Geburtstagsbuch   it 155
Geschichten der Liebe aus 1001 Nächten   it 38
Goethe: Dichtung und Wahrheit (3 Bde.)   it 149-151
Goethe: Die Leiden des jungen Werther   it 25
Goethe: Die Wahlverwandtschaften   it 1
Goethe: Faust (1. Teil)   it 50
Goethe: Faust (2. Teil)   it 100
Goethe: Hermann und Dorothea   it 225
Goethe: Italienische Reise   it 175
Goethe: Liebesgedichte   it 275
Goethe: Maximen und Reflexionen   it 200
Goethe: Reineke Fuchs   it 125
Goethe – Schiller: Briefwechsel (2 Bände)   it 250
Goethe: Tagebuch der italienischen Reise   it 176
Goethe: West-östlicher Divan   it 75

Gogh: Briefe   it 177
Gogol: Der Mantel   it 241
Grandville: Staats- und Familienleben der Tiere
    (2 Bde.)   it 214
Grimmelshausen: Courasche   it 211
Gundert: Marie Hesse   it 261
Hauff-Märchen (2 Bände in Kassette)   it 216/it 217
Hebel: Bildergeschichte vom Zundelfrieder   it 271
Hebel: Kalendergeschichten   it 17
Heine: Memoiren des Herren von Schnabelewopski
    it 189
Heine: Buch der Lieder   it 33
Heras: Am Anfang war das Huhn   it 185
Hesse: Dank an Goethe   it 129
Hesse: Geschichten aus dem Mittelalter   it 161
Hesse: Hermann Lauscher   it 206
Hesse: Kindheit des Zauberers   it 67
Hesse: Leben und Werk im Bild   it 36
Hesse: Piktors Verwandlungen   it 122
Hesse/Schmögner: Die Stadt   it 236
Hesse/Weiss: Der verbannte Ehemann   it 260
Hillmann: ABC-Geschichten   it 99
E. T. A. Hoffmann: Der unheimliche Gast   it 245
E. T. A. Hoffmann: Kater Murr   it 168
Hölderlin-Chronik   it 83
Hölderlin: Dokumente seines Lebens   it 221
Homer: Ilias   it 153
Horváth: Leben und Werk   it 237
Ricarda Huch: Der Dreißigjährige Krieg (2 Bde.)
    it 22/23
Hugo: Notre-Dame von Paris   it 298
Jacobsen: Die Pest in Bergamo   it 265
Jacobsen: Niels Lyhne   it 44
Kant-Brevier   61
Kaschnitz: Eisbären   it 4
Kästner: Die Lerchenschule   it 57
Kästner: Die Stundentrommel vom heiligen Berg
    Athos   it 56
Kästner: Griechische Inseln   it 118
Kästner: Kreta   it 117
Kästner: Ölberge, Weinberge   it 55
Keller: Züricher Novellen   it 201
Kinderheimat   it 111
Kinder- und Hausmärchen gesammelt durch
    die Brüder Grimm (3 Bde.)   it 112-114

Kin Ping Meh it 253
Kleist: Erzählungen it 247
Kleist: Geschichte meiner Seele it 281
Kleist: Der zerbrochene Krug it 171
Klingemann: Nachtwachen von Bonaventura it 89
Klinger: Leben und Werk in Daten und Bildern it 204
Knigge: Über den Umgang mit Menschen it 273
Konfuzius: Materialien it 87
Konfuzius und der Räuber Zhi it 278
Laclos: Schlimme Liebschaften it 12
Lamb: Shakespeare Novellen it 268
Das große Lalula it 91
Lévi-Strauss: Der Weg der Masken it 288
Liebe Mutter it 230
Lieber Vater it 231 (in Kassette)
Lichtenberg: Aphorismen it 165
Linné: Lappländische Reise it 102
Lobel: König Hahn it 279
Longus: Daphnis und Chloë it 136
Lorca: Die dramatischen Dichtungen it 3
Der Löwe und die Maus it 187
Majakowski: Werke I it 16 Werke II it 53 Werke III it 79
Malory: König Artus (3 Bände) it 239
Marc Aurel: Wege zu sich selbst it 190
Märchen der Romantik (2 Bände) it 265
Märchen deutscher Dichter it 13
Maupassant: Bel-Ami it 280
Maupassant: Das Haus Tellier it 248
Maupassant: Pariser Abenteuer it 106
Mäusegeschichten it 173
Melville: Moby Dick it 233
Michelangelo: Zeichnungen und Dichtungen it 147
Michelangelo. Leben und Werk it 148
Minnesinger it 88
Mirabeau: Der gelüftete Vorhang it 32
Montaigne: Essays it 220
Mordillo: Das Giraffenbuch it 37
Mordillo: Das Giraffenbuch 2 it 71
Mordillo: Träumereien it 108
Morgenstern: Alle Galgenlieder it 6
Mörike: Die Historie von der schönen Lau it 72
Mozart: Briefe it 128
Musäus: Rübezahl it 73
Mutter Gans it 28
Nestroy: Stich- und Schlagworte it 270

Die Nibelungen　it 14
Nietzsche: Also sprach Zarathustra　it 145
Nietzsche: Ecce Homo　it 290
Novalis. Dokumente seines Lebens　it 178
Orbeliani: Die Weisheit der Lüge　it 81
Orbis Pictus　it 9
Oskis Erfindungen　it 227
Ovid: Ars Amatoria　it 164
Paul: Der ewige Frühling　it 262
Paul: Des Luftschiffers Gianozzo Seebuch　it 144
Petzet: Das Bildnis des Dichters　it 198
Phaïcon 1　it 69
Phaïcon 2　it 154
Pocci: Kindereien　it 215
Polaris 1　it 30
Polaris 3　it 134
Pöppig: In der Nähe des ewigen Schnees　it 166
Potocki: Die Handschrift von Saragossa (2 Bde.)　it 139
Quincey: Der Mord
　als eine schöne Kunst betrachtet　it 258
Rabelais: Gargantua und Pantagruel (2 Bände)　it 77
Die Räuber vom Liang Schan Moor (2 Bände)　it 191
Reden und Gleichnisse des Tschuang Tse　it 205
Rilke: Ausgesetzt auf den Bergen des Herzens　it 98
Rilke: Das Buch der Bilder　it 26
Rilke: Duineser Elegien / Sonette an Orpheus　it 80
Rilke: Geschichten vom lieben Gott　it 43
Rilke: Neue Gedichte　it 49
Rilke: Das Stunden-Buch　it 2
Rilke: Wladimir, der Wolkenmaler　it 68
Rilke: Leben und Werk im Bild　it 35
Rilke: Zwei Prager Geschichten　it 235
Robinson: Onkel Lubin　it 254
Runge: Leben und Werk im Bild　it 316
Der Sachsenspiegel　it 218
Schadewaldt: Sternsagen　it 234
Scheerbart: Rakkóx der Billionär　it 196
Schiller: Der Geisterseher　it 212
Schiller – Goethe: Briefwechsel (2 Bände)　it 250
Schiller: Leben und Werk　it 226
Schlote: Geschichte vom offenen Fenster　it 287
Schlote: Das Elefantenbuch　it 78
Schlote: Fenstergeschichten　it 103
Schmögner: Das Drachenbuch　it 10
Schmögner: Ein Gruß an Dich　it 232

Schmögner: Das unendliche Buch   it 40
Schneider: Leben und Werk im Bild   it 318
Schopenhauer: Aphorismen zur Lebensweisheit   it 223
Schumacher: Ein Gang durch den
   Grünen Heinrich   it 184
Schwab: Sagen des klassischen Altertums (3 Bde.)
   it 127
Scott: Im Auftrag des Königs   it 188
Shakespeare: Sonette   it 132
Shaw-Brevier   it 159
Sindbad der Seefahrer   it 90
Sonne, Mond und Sterne   it 170
Sophokles: Antigone   it 70
Sophokles: König Ödipus   it 15
Stendhal: Rot und Schwarz   it 213
Stendhal: Über die Liebe   it 124
Sternberger: Über Jugendstil   it 274
Sterne: Yoricks Reise des Herzens   it 277
Stevenson: Die Schatzinsel   it 65
Storm: Am Kamin   it 143
Swift: Ein bescheidener Vorschlag . . .   it 131
Swift: Gullivers Reisen   it 58
Tillier: Mein Onkel Benjamin   it 219
Toepffer: Komische Bilderromane (2 Bde.)   it 137
Tolstoj: Die großen Erzählungen   it 18
Tolstoj: Kindheit, Knabenalter, Jünglingsjahre   it 203
Traum der roten Kammer   it 292
Tschechow: Die Dame mit dem Hündchen   it 174
Turgenjew: Erste Liebe   it 257
Turgenjew: Väter und Söhne   it 64
Der Turm der fegenden Wolken   it 162
Twain: Huckleberry Finns Abenteuer   it 126
Twain: Leben auf dem Mississippi   it 252
Twain: Tom Sawyers Abenteuer   it 93
Voltaire: Candide   it 11
Voltaire: Sämtliche Romane und Erzählungen
   (2 Bände)   it 209/it 210
Voltaire: Zadig   it 121
Vom Essen und Trinken   it 293
Wagner: Ausgewählte Schriften   it 66
Walser: Fritz Kochers Aufsätze   it 63
Das Weihnachtsbuch   it 46
Das Weihnachtsbuch der Lieder   it 157
Das Weihnachtsbuch für Kinder   it 156
Wilde: Die Erzählungen und Märchen   it 5